Menschen

Wallace, Edgar
Menschen
Die Autobiografie
ISBN 978-3-948696-30-6

Umschlagmotiv: Keystone Press / Alamy Stock Photo
Umschlaggestaltung: wunderlichundweigand, Schwäbisch Hall
Satz und Gestaltung: Molino Verlag GmbH
Druck und Bindung: L & S Digitaldruck, Miesbach
© 2022 Molino Verlag GmbH, Leonberg und Schwäbisch Hall
Alle Rechte vorbehalten.

EDGAR WALLACE

Menschen

Die Autobiografie

molino

Vorwort

Ich bin mir wohl bewusst, dass diese Autobiografie sich in vieler Hinsicht von den Memoiren unterscheidet, die von Zeit zu Zeit in dicken Bänden erscheinen und die von Leuten geschrieben wurden, die mit den Großen und mit den Berühmtheiten dieser Erde in Berührung gekommen sind. Ebenso sehr unterscheidet sie sich von jenen Erinnerungen, die in der volkstümlichen Presse auftauchen und die es mit halb vergessenen Skandalgeschichten und den besser zu vergessenden Machenschaften ehemaliger Millionäre zu tun haben.

Im Wesentlichen ist diese Autobiografie die Geschichte des Armen; des Atoms, das sich aus dem dicken Schlamm herausarbeitete, der sich an die Füße der ringenden Millionen heftet.

Wenn diese Geschichte auch nur ein ehrgeiziges Kind ermutigt, nach Größe zu streben, wenn sie dazu beiträgt, das Lob auch nur eines Mannes oder einer Frau zu erleichtern, dort ein Auge in neuem Hoffen aufleuchten zu lassen, wo keine Hoffnung mehr war, dann wird diese Geschichte nicht umsonst geschrieben sein.

Zufällig wird diese kleine Lebensbeschreibung an sich zu einer Anerkennung der Gesellschaftsordnung, unter der wir stehen. An einer Gesellschaft, die den Aufstieg von J. H. Thomas oder Edgar Wallace möglich machte, die »Jamie« Brown in Schottland Königswürde verlieh und Robertson zum Chef des Generalstabes beim Kriegsministerium machte, kann nicht viel auszusetzen sein.

Wir waren Arme, die ihre Armut nicht zufrieden hinnahmen; wir waren die Niedriggeborenen, die zur Größe ihres Glaubens an sich selbst hinaufwuchsen – und die, wie ich hoffe, noch im Wachsen sind.

Ich habe niemals etwas so Trügerisches wie »Erfolg« gesucht. Lieber habe ich neue Stützpunkte gefunden, von denen aus ich weitere Horizonte gewinnen, neue Möglichkeiten entdecken konnte, meinen Mitmenschen dankbar zu sein. Und ich spüre ein neues, tiefempfundenes Gefühl der Demut, wenn ich von meinem günstigen Standpunkt auf dem immer steilen Pfad die wunderbare Geduld und den Mut jener beobachte, die hinter mir höhenwärts stiegen.

Edgar Wallace

1.

Im Allgemeinen liegt in der Geburt eines Menschen, selbst wenn sich diese unter unrühmlichen Umständen vollzog, nichts Geheimnisvolles. Das Geheimnisvollste, was einem Menschen zustoßen kann, ist, überhaupt nicht geboren zu werden. Weniger geheimnisvoll ist es daher, wenn jemand, in dicke Schals gehüllt (wie man annimmt), von Ashburnham Road nach einem kleinen Hof in unmittelbarer Nähe des Deptford Creek getragen wird, der die stolze Stadt Greenwich von der ungesunden Umgebung Deptfords trennt.

Ich war ganze neun Tage alt, als ich an Kindes statt angenommen wurde. Andernfalls hätte mir eine romantische Erziehung im Greenwicher Arbeitshaus oder in einer jener Anstalten geblüht, in denen mutter- und vaterlose Menschenkinder ohne nachweisbare Mittel zum Lebensunterhalt aufgezogen werden.

Glücklicherweise hörte ein Menschenfreund von meiner Lage. Und da er von dem Arbeitshaus den Abscheu besaß, der den stolzen Armen beseelt, sandte er Clara, um mich zu holen.

»Sie wird adoptiert«, sagte Mr. Freeman, der auf seine Weise Autokrat war.

Er änderte seinen menschenfreundlichen Entschluss auch dann nicht, als er seinen Irrtum hinsichtlich meines Geschlechtes entdeckte.

Dem Namen wie der Tat nach war er ein Freeman, ein Zunftmitglied der Haberdasher; ein Freier der Stadt London, der seine Vorfahren anhand von Familienurkunden und städtischer Chronik 500 Jahre zurückverfolgen konnte. Er war Fischträger beim Billingsgate Market, ein stämmiger Mann mit einem Gesicht, in dem alles groß war, mit einer mächtigen Nase und mit einem Bart, wie Abraham Lincoln ihn trug.

Ich habe ihn niemals etwas anderes als seinen Namen schreiben sehen. Ich sah ihn auch niemals etwas anderes lesen als das Neue Testament, ein riesiges, in Kalbsleder gebundenes Buch, dessen Blätter gelb vom Alter waren. Zweimal im Jahr pflegte er »auszubrechen«. Dann trank er Schnaps, dann wurde das Testament ehrfürchtig beiseitegelegt und dann band er mit jedem Mann an, so groß und stark dieser auch sein mochte, und verholzte ihn. Einmal kämpfte er so zwei Stunden lang an einer gefährdeten Stelle am Rand einer tiefen Kluft. Er besaß die Kraft eines Ochsen. Auf dem flachen Lederhut, den er während der Arbeitsstunden trug, balancierte er die schwersten Fischkisten, und diese bedeuteten ihm nicht mehr als den Patriziern die Federbaretts, die sie trugen.

Er war sein Leben lang ein kerzengerader Mann, seine Frau die sanfteste Mutter, die jemals gelebt hat. Schreiben konnte sie nicht, aber lesen. Meistens las sie laut die Mordgeschichten, die in den Sonntagsblättern standen. Dann sprachen wir über Verbrecher, die der Geschichte angehören: Peace, Palmer (an deren Verurteilung sie sich erinnerte) und solche moderne wie Mrs. Maybrick. Ich liebte die Leute und sie liebten mich. Sie sind tot und ich fühle mich ärmer geworden um sie. Ich erinnere mich dunkel des Untergangs der »Prinzessin Alice«. Greenwich hatte zu jener Zeit das Äußere einer Seestadt. Die Stadt war voll von Männern in blauen Jerseys, und in jedem zweiten Haus unserer Nachbarschaft befand sich das Modell eines Vollschiffes. Und über den meisten Kaminsimsen hing eine Anzahl grell gemalter chinesischer Rollenbilder, deren genaue Bedeutung ich niemals verstanden habe, außer, dass sie mit Überseereisen zu tun hatten.

Meine erste lebhafte Erinnerung ist die einer Art Besitzerstolzes und mit unserem Gefangenenwagen verknüpft; mit der düsteren »Black Maria«, die jeden Nachmittag die Greenwich Road heraufpolterte.

Ich entsinne mich, die Kleinkinderklasse der St. Peter's School geschwänzt zu haben; ich war die Trafalgar-Straße hinaufgetrampelt, um den unheimlichen Karren im Regen vorüberfahren zu sehen, mit seinem glänzenden Aufseher hinten auf dem kleinen Außensitz und mit seinem hochbehuteten Kutscher vorn unter dem Schutzleder.

Ich glaube, der junge Harry befand sich damals in dem Wagen auf seinem Weg nach Wandsworth. Jung Harry war mein Adoptivbruder. Sein ganzes Leben lang hasste er Polizisten und besaß die Leidenschaft, sie tätlich anzugreifen. Später nahm Tom dessen Steckenpferd auf und sie befanden sich beide zusammen in Wandsworth, als ich, damals noch ein sehr kleiner Junge, den langen Weg nach dem Wandsworther Gefängnis marschierte, um dieses mit meinen eigenen Augen zu sehen. Ein sehr stolzes Gefühl beseelte mich für das Wandsworther Gefängnis. Ich empfand, dass es zu mir gehörte; es war dieselbe Empfindung, die jemand schönen Häusern entgegenbringt, die er von seinem reichen Verwandten bewohnt weiß.

Weder Tom noch Harry taten Schlimmeres, als die Polizei anzugreifen; aber sie taten das so beharrlich, dass sie kaum jemals zu Hause waren. Harry war mager und hatte tiefliegende dunkle Augen; Tom war blond und hübsch. Beide sind untergegangen. Der Suff hat sie noch zu Lebzeiten ihres Vaters umgebracht.

»Dick, mein Jungchen«, pflegte Harry in aller Feierlichkeit zu mir zu sagen (einer meiner Vornamen ist Richard), »wenn du deinen Pudding nicht aufisst, wie kannst du erwarten, dass du jemals einen Copper verhauen, kannst?«

George Freeman, der Alte, vernahm die unrühmlichen Heldentaten seiner Söhne mit kaum einem Stirnrunzeln.

»Vater, Harry hat drei Monate gekriegt.«

Er sah von seinem großgedruckten Testament auf.

»Tut ihm gut!«, lautete seine stereotype Antwort. Er pflegte, laut zu sprechen; in Augenblicken wie diesen brüllte er.

Merkwürdig, dass er und seine sanfte Frau zwei solche Kinder haben sollten. Er lebte das Leben eines Christen, wurde allen Menschen gerecht, war furchtlos – und konnte nicht lügen.

Sommer wie Winter verließ er das Haus, um drei Uhr morgens, um sich zum Billingsgate Market zu begeben. Als ich alt genug dazu war, begleitete ich ihn manchmal. Unser Weg führte uns durch die Straße, die an der Umfassungsmauer von Guy's Hospital entlangläuft. Jeden Morgen stand er an genau derselben Stelle still, nahm seinen Hut ab – ich hatte das Gleiche zu tun – und sagte ein kurzes Gebet für alle jene, die in diesen Krankensälen litten. Er selber war einmal deren Insasse gewesen und nahm von dort die Legende einer unfehlbaren Salbe mit sich, die die alles heilte. Meine früheste Kindheit brachte ich beschmiert mit dieser Salbe zu, denn er glaubte, dass die Heilung solcher unvermeidlicher Prüfungen wie Masern, Scharlach, ja, irgendwelcher Krankheit in der Behandlung der Symptome läge.

Es gibt viele ernste und gelehrte Sozialreformatoren, die sich derselben Täuschung hingeben.

Unten im Love Lane, Eastcheap gegenüber, befand sich eine spärlich erleuchtete Kaffeeschenke, die nach Fisch duftete. Hier konnte ein Mann und sogar ein Junge sich königlich für einen Threepence gütlich tun an wundervollem Kaffee in dicken kegelförmigen Steingutbechern und an frischem Brot und Landbutter. Wie oft habe ich dort eingekeilt zwischen den weißbekittelten Trägern gesessen, mit arbeitenden Kauwerkzeugen und die Ohren gespitzt auf den Redestrom, der der Stolz von Billingsgate ist. Aber ich hörte nichts, denn ich war ein Kind und unser arbeitender

Mann ist ein Gentleman. Ich vermute, dass sie manche schmutzige Darstellung und Bemerkung hinunterschluckten, – denn ich sah warnende Blicke von Mann zu Mann springen. Und einmal, als sich ein großer Träger mit rotem Gesicht vergaß, rief ein halbes Dutzend Stimmen zu gleicher Zeit: »Vorsicht! Das Kind!«

Und wie diese Männer arbeiteten! Ihre benagelten Stiefel polterten über das schlüpfrige Pflaster des Marktes die Planken entlang, die von den Fischerbooten nach der Werft hinführten, an der jene lagen. Stundenlang habe ich am Kai gestanden, in der Pracht des Sommermorgens wie im Winterfrost, und die Fischerboote beobachtet, vereiste Boote von Grimsby, plumpe Aalfänger aus Holland, große Schiffe und kleine Fahrzeuge, »Gammler«, die von der Dogger Bank hereingeschlittert kamen, den Raum voll von silbrig gleißenden Fischen, die, amtlich wenigstens, »lebendig« waren.

Mrs. Freeman hasste den Markt, den sie niemals gesehen hatte. Sie hasste ihn um des Zolles willen, den dieser von ihren Söhnen gefordert hatte. Ihr galt der Markt als die Hexenküche, in der alles Böse gebraut wurde.

»Arbeite niemals auf dem Fischmarkt, Dick!«, warnte sie.

Meine Laufbahn war vorgezeichnet. Ich sollte ordentlich unterrichtet werden. Das sollte heißen, dass ich die Schule nicht mit zehn Jahren verlassen durfte, wie das die anderen getan hatten.

Billingsgate hatte für mich nur eine unglückliche Erinnerung. George Freeman hatte eine Schwäche für Hüte. Damals gab es einen alten jüdischen Hausierer – man munkelt, er habe bei seinem Tod in Park Lane eine Million Pfund Sterling hinterlassen –, der mit Hunderten von Hüten zweiter Güte und in allen Größen, außer mit solchen meiner eigenen Kopfgröße, handelte. Der alte George bevorzugte einen Derbyhut mit einem hohen Deckel, wie ihn Mr. Churchill unpopulär gemacht hat. Es war so etwas zwischen einem Zylinder und einem steifen, runden, niedrigen Filzhut. Er pflegte dafür etwa einen Dreipence zu bezahlen. Wie oft habe ich ihn, immer bange klopfenden Herzens, näherkommen sehen, einen sieghaften Blick in seinem hübschen, rauen Gesicht und einen eben erstandenen Hut in der Hand. Wie oft habe ich in der spärlich erhellten Kaffeeschenke in Love Lane gesessen, während ein Ausschuss von Lastträgern bemüht war, Zeitungsstreifen zwischen das Hutfutter zu stopfen, damit mein kleiner Schädel nicht gänzlich unter dem Hut verschwand. Und ebenso unabänderlich dachte Mrs. Freeman, für meine Bequemlichkeit befinde sich eine Lage Papier zu viel darin, und nahm diese wieder heraus.

Ein neuer Hut hieß für mich Kirchgang. Mit einer Tuchschleife um meinen Hals und mit dem entsetzlichen, über die Ohren gestülpten Turm musste ich meinen Adoptivvater in die Wesleyan Kirk begleiten, um dort eine Stunde und vierzig Minuten lang von einem Übermenschen zu Tode gelangweilt zu werden, den ich nicht hören konnte und der in Mysterien herumwühlte, die ich nicht zu verstehen vermochte.

Gottesdienst ist eine fürchterliche Geduldsprobe für Kinder – eine grausame Geduldsprobe. Eine Vorlesung über chinesische Metaphysik oder über Bogenarchitektur oder Einstein'sche Relativitätstheorie ist ebenso verständlich für sie. Wie irreführend gezeichnet, überpinselt, bedeckt mit mystischen Zeichen und verdunkelt durch Rauchschwaden ist der einfache Jesus für das arme Durchschnittskind, das durch das Medium der Kanzel der Erwachsenen von ihm hört.

Ich schlief in einem Raum, der »Vater« und »Mutter« zunächst lag, und jede Nacht brachte unabänderlich dieselbe Unterhaltung:

»Nacht, Dick!«

»Nacht, Vater!«

»Dein Gebet gesagt?«

»Ja, Vater!«

Pause.

»Du kommst in die Hölle, wenn du's nicht gesagt hast.«

»Ja, Vater.«

Eine längere Pause.

»Aber ich weiß doch nicht, ob du dorthin kommst.«

Schule und die versprochene Erziehung kamen, als ich sechs Jahre alt war. Ich lernte meinen Namen schreiben: »Dick Freeman«.

George gab mir einen Penny und nahm das Gekritzel mit nach dem Fischmarkt, um es dort von seinen Freunden bewundern zu lassen.

Schule! Ein großes, gelbes barackenähnliches Haus, das, wenn das Gerücht nicht log, auf einer alten Unratgrube erbaut war, in die das Gebäude allmählich versank. Wir pflegten Kreidestriche an die Wand dicht über dem Erdboden zu machen, um die Senkung zu verzeichnen. Und jeden Morgen, wenn ich um die Ecke von Reddin's Peckham Road kam und die Schule noch immer an ihrem Platz stehen sah, bemächtigte sich meiner ein hilfloses Gefühl der Enttäuschung. Wenn ich an die Feuer dachte, die niemals angezündet wurden! Und an die böse schwarze Tafel, auf der gottähnliche Lehrer, deren Schönschrift immer meinen Neid erweckte, Worte von einer fürchterlichen Länge aufschrieben! Wenn ich an das Gesumme in den Schulzimmern, an die humorlosen Unterrichtsstunden, an die Qual des Kopfrechnens dachte und an die scheinbaren Unmöglichkeiten von allem möglichen Allerlei! – Es gab auch goldige Tage, Tage, an denen wir es mit der Dichtkunst zu tun hatten. Wir lernten den »Inchcape Rock« jenes

Sir Ralph, des Korsaren, der fortsegelte: »Und geißelte die See manch lieben langen Tag. Zuletzt, durch Plünderns Beute reich geworden, nahm heimwärts er den Kurs nach Schottlands Borden.«

Wir lernten Casabianca kennen, den braven Horatius und so nach und nach Shakespeare, den Meister. Ich lernte ganze Auftritte aus »Macbeth« und »Julius Caesar« und »Hamlet«, konnte sie auswendig und deklamierte sie mit Vergnügen bei jeder passenden und unpassenden Gelegenheit.

Einen wundervoll schönen Tag gab es in der Tat. Mr. Newton, der Klassenlehrer, führte einen Brauch ein, der, wie ich hoffe, noch immer einen wesentlichen Grundzug elementarer Erziehung bildet: Er las uns vor und wählte »Tausendundeine Nacht«. Farben und Schönheit des Ostens stahlen sich durch die nebelverdunkelten Fenster der Schule von Reddin's Road. Und der Zauberteppich war da, der vierzig alles andere als zu saubere kleine Jungens in den Palast der Kalifen brachte und der sie Hand in Hand mit dem König der Könige durch die würzig duftenden Basare von Bagdad wandern ließ.

Außerhalb der Schule nahm das Leben einen regelmäßigen Lauf. Vor Frühstück auf und dann mit einem Mattensack die Old Kent Road nach Lebensmitteln für des Tages Atzung abgestreift. (Ich musste meist den Einkauf besorgen).

Ein Pfund von »Sechs-Penny-Stücken« von Mills, dem Fleischer, für zwei Pence Kartoffeln vom Grünwarenhändler, eine Pastinake und für einen Pence Möhren – ich bekam einen heftigen Widerwillen gegen Irish Stew. »Stückchen« sind die Abfälle beim Abwiegen des Fleisches, die Nebenprodukte des Fleischereigewerbes. Ich war so etwas wie ein Kenner in »Stückchen«, konnte mit einem einzigen Blick feststellen, ob das Ende verdorben war, und erriet unfehlbar die Tiefe des Fettes an einem höckrigen

Hammelknochen. Man konnte auch »Bier-Penny-Stückchen« kaufen, aber nur die Ärmsten der Armen rührten solche an. Man verlor Kaste, wenn man beim Kauf betroffen wurde.

Die sauberen, anständigen Armen! Ihre Frauen sind mehr zu bewundern als die Töchter von Königinnen. Ich habe mit ihnen zusammen eingekauft; ich stand mit ihnen an den Türen ihrer Behausung und schwatzte mit ihnen; nur selten bitten sie einzutreten, um ihre Dürftigkeit nicht sehen zu lassen. Ihre Spitzenvorhänge sind weiß wie Schnee, hinter ihren geputzten Fensterscheiben, nach der Straße zu, steht immergrünes Geranium und über ihren Hühnerställen und Taubenschlägen im Hinterhof wehen und flattern dienstags oder mittwochs die fleckenlosen Banner ihrer verschämten Armut.

Ihr saht ihre Frauen Wäsche aufhängen: starke Frauen, die an Krebs sterben und dennoch lächeln. Sie halten die Wäscheklammern mit den Zähnen, stützen die Waschleinen, halten in der Arbeit inne, um ihre nassen Stirnen mit noch nässeren Armen abzuwischen, und tauschen ein Scherzwort mit dem Weib in der Tür des Nachbars. Arbeiten, gebären, sterben. Der Versicherungsagent spricht einmal in der Woche vor, damit sie Vorkehrungen für ein anständiges Begräbnis treffen – ihr Ehrgeiz liegt in der Richtung des Grabes.

♦

2.

Der Wert der Volkserziehung ist so oft von Autoritäten dieses Faches erörtert worden, dass ich zögere, meine eigene Ansicht als Maßstab aufzustellen. Aber auf jeden Fall kann ich die Sache von einem anderen Standpunkt ansehen. Wenn jeder Junge, der von einer Ratsschule kommt, für einen bestimmten Beruf vorbereitet würde, würde es eine sehr einfache Aufgabe für die sich hart mühenden Lehrer sein, ihn so vollkommen wie möglich zu erziehen. Aber in Wirklichkeit gingen 80 Prozent der Jungen, die die Ratsschule durchmachen, ins Leben, um die Reihen der ungelernten Arbeiter zu vermehren. Sieben oder acht Jahre öden Geschliffenwerdens haben ihnen das Lesen beigebracht, sie schreiben eine leidliche Hand und rechnen. Innerhalb eines Jahres nach Verlassen der Schule würde es selbst für den Zögling einer höheren Schule schwer sein, eine der unseren Prüfungen zu bestehen. Um wie viel mühevoller ist es für den armen Jungen, der eine Ratsschule verlässt – einen Ort, der häufiger als nicht mit unliebsamen Erinnerungen verknüpft ist –, die Kenntnisse auszunützen, die er sich während jener sieben oder acht Jahre erworben hat. Wozu die mühseligen Stunden, die er opfert, um sich eine brauchbare Kenntnis der Buchten und Kaps von England anzueignen?! – Ein Wissen, das blitzartig verschwindet, sobald er einen freudigen Abschied von der Schule genommen hat!

Ich war ein ziemlich intelligenter Junge und ich versuche, mich jetzt zu erinnern, was ich tatsächlich lernte. In Geografie oberflächlich die Gestalt Englands, über die Vereinigten Staaten nichts. Nichts über das Eisenbahnsystem Europas und Hoangho, aber des Näheren darüber kann ich mich nicht entsinnen. Ich kannte die Gestalt Afrikas und wusste, dass es leicht war, eine

Karte davon zu zeichnen. Von Frankreich wusste ich nichts, außer dass Paris an der Seine lag. Ich wusste, dass Italien die Gestalt eines langschäftigen Stiefels hatte und dass Indien die Gestalt einer Birne besaß; aber außer, dass eine Meuterei in diesem Lande stattgefunden hatte, war es völlig unbekanntes Land für mich.

Geschichte: Die alten Briten schmierten sich mit Färberwaid ein und paddelten in korbähnlichen Booten herum. Wilhelm der Eroberer kam 1066 nach England. Heinrich der Achte hatte sieben – oder waren es acht? – Frauen. König Karl wurde aus irgendeinem dunklen Grund hingerichtet und in einer nebelhaften Periode der englischen Geschichte gab es einen Kampf der Rosen.

In Chemie: Wenn man ein Stück heißes Eisen in Sauerstoff tauchte – oder war es Wasserstoff? –, dann glühte es hell. Wenn man mit einem Strohhalm in Kalkwasser bläst, wird das Wasser wolkig.

Englische Literatur: drei Stücke von Shakespeare, die mir persönlich zu Herzen gingen und deren Kenntnis mir mit meinem späteren Leben von größtem Nutzen war; eine Bekanntschaft mit »Tausendundeine Nacht« und mit einem oder zwei Dichtern.

Religion: nicht mehr, als ich in der Sonntagsschule lernte.

Zeichnen: Stunden härtesten Bemühens beim Versuch, Fertigkeit in einer Kunst zu erlangen, für die ich keine Anlage hatte.

Rechnen: bis zu den Dezimalbrüchen. Buchhaltung wurde damals in der Schule nicht gelehrt. Alles Wissen, das ich damals in meinen Rechenstunden erlangte, war die Fähigkeit, ganze Reihen von Ziffern mit großer Schnelligkeit zu addieren.

Ich glaube, ich würde mich unterfangen, in einem Monat mehr Geografie zu lehren, als ich in sechs Jahren gelernt habe. Nicht, weil die Lehrer ungenügend befähigt waren, beeile ich mich hinzuzufügen, denn wir hatten in »Tuppy« Gaines einen der besten Hauptlehrer, der jemals in einer Elementarschule lehrte. Aber das System war so verkehrt, wie es nur sein konnte. Und Stunde auf Stunde wurde verschwendet, indem man einer Klasse von 50 Jungen Wissen einhämmern wollte, das höchstens für zwei oder möglicherweise für drei Interesse hatte.

Man muss dabei nicht vergessen, die Stellung in Rechnung zu ziehen, die nicht nur die Jungens, sondern auch deren Eltern der Schule gegenüber einnahmen. Für den Durchschnitt dieser armen Väter und Mütter ist die Schule ein Ort, um den Jungen in der Zeit zu beschäftigen, während der er sonst zu Hause Unfug treiben würde. Sobald er ein wenig älter wird, wird die Schule zu einer Beschränkung der persönlichen Freiheit; der Junge wird durch sie abgehalten, seinen Lebensunterhalt zu verdienen.

Für den Durchschnittsjungen ist die Schule ein fürchterlicher Zwang; und wenn wirklich jemals einer darunter ist, der am Montagmorgen bei der Aussicht auf eine weitere Woche Schinderei nicht aufstöhnt, dann ist er kaum normal. In einem Fall ist die Zeit, die dem Schulunterricht zugebilligt wird, lächerlich unzulänglich. Zu meiner Zeit wurde Spiel und Sport nicht ermutigt; es gab wenig oder gar keine körperlichen Übungen und keine Unterbrechung am Vormittag. Die Schule war in Stufen eingeteilt und der Lehrer unterrichtete in fast allen Fächern, obwohl gelegentlich einmal ein Austausch stattfand.

Der Grundfehler bei den Ratsschulen liegt darin, dass es kein Gesetz gibt, durch dass der Besuch von Fortbildungsklassen obligatorisch gemacht wird. Keinem Knaben sollte ein Abgangszeugnis gegeben werden, bis er eine der lebenden Sprachen meistert. Wie die Dinge gegenwärtig liegen, verlässt der Junge die Schule mehr oder weniger unwissend und mit keiner anderen Befähigung, als um einen Karren zu schieben oder einen Laufjungen abzugeben. Aber meistens, denke ich, liegt der wirkliche Fehler in dem Umstand, dass man ihm nicht beibringt, richtig zu sprechen. So gut ich auch mit der sonderlichen Aussprache des Jungen von der Straße bekannt bin, ist es mir doch häufig unmöglich zu verstehen, worüber er spricht. Diese Bemängelung bezieht sich nicht nur auf London, sondern auch auf die Provinz. Die fürchterliche Aussprache des Durchschnittsjünglings, der in einer Ratsschule erzogen worden ist, bildet für sein späteres Leben ein schreckliches Hindernis. Das nasale Gewinsel des Londoner Schuljungen ist eine Beleidigung für das Ohr. Und es gibt keinen vernünftigen Grund in der Welt, warum dem Jungen gestattet sein soll, mit einem solchen Schaden behaftet in die Welt hinauszugehen.

Deutlicher in meiner Erinnerung stehen George Freemans Kneipereien. Mit der Zeit setzte darin eine Art Routine ein, die damit anfing, dass er in fideler Stimmung vom Markt zurückkam und einen Frühschoppen im »Glengall Arms« machte. Dann machte er der Postsparkasse einen Besuch und hob fabelhafte Summen bei ihr ab. Darauf wurden Pferd und Wägelchen gemietet und er fuhr nach Sideup, wo man unter Ulmen Tee haben konnte. Dann kam eine Periode tiefster Niedergeschlagenheit, eine gewisse Barschheit und schließlich, die Brille auf seine dicke Nase gequetscht, endloses Lesen des Neuen Testaments.

Diese »Saufperioden« enthielten Freuden und Kummer für mich. Geld war massenhaft da – Pennys, so viele ich haben wollte. Aber es gab auch andere Zeiten, wo ich auf der Türschwelle der Kneipe saß, auf den Augenblick wartete, wo die Kneipe geschlossen werden würde, und alle Kneipen verwünschte, die mich vom Zubettgehen abhielten. Die Zechereien dauerten keine Woche – George war ein sparsamer und vorsichtiger Mann. In seiner Westentasche trug er stets das Ende zum Häkchen gebogene Stück eines Stahlstäbchens bei sich, das einem alten Regenschirm entstammte und mit dem er sein künstliches Gebiss wieder herauszuholen gedachte im Fall, dass er dieses einmal verschlucken sollte.

Mit zehn Jahren wurde ich eine Art Mitglied einer Einbrecherbande. Sie stahl Lettern aus einer Gießerei. Ich nahm zwar niemals tätigen Anteil an den Beutezügen, die unter Leitung eines Desperados ausgeführt wurden, der wenig älter war als ich selbst, aber ich erhielt einen kleinen Anteil an der Beute und bedauerte nur, dass ich diesen nicht nützlicher verwenden konnte. Ungefähr um diese Zeit begegnete ich einem Mann, der mich beauftragte, im Zigaretten zu kaufen – immer für einen Penny zurzeit. Er gab mir hübsche neue Florenstücke und ich brachte ihm das übrige Geld zurück. Nachdem ich den fünften Floren auf diese Weise gewechselt hatte, nahm ich den sechsten und ging damit zu dem nächsten Polizisten.

»Bitte, Herr, ist dieses Geld falsch?«

Er zerbrach es zwischen Daumen und Zeigefinger und sagte, es sei falsch. Mein Arbeitgeber wurde daraufhin festgenommen und der Richter nannte mich einen pfiffigen kleinen Jungen. Lange Zeit habe ich den Ausschnitt aus der »News of the World« aufbewahrt, es war das erste Mal, dass mein Name im Druck erschien.

Elf Jahre waren vergangen, da machte ich Mrs. Freeman einen Vorschlag, den sie mit Entrüstung verwarf.

»Nur verlumpte Jungens verkaufen Zeitungen auf der Straße.«

Und ich war kein verlumpter Junge, trotzdem …

Ich hatte den reizvollsten Teil der Stadt ausgekundschaftet. Er beginnt bei St. Paul's und endet bei Temple Bar. Überdies war ich Theaterbesucher. Auf der Galerie des Surrey-, des Elephant- und Castle-Theaters war ich wie zu Hause. Habe ich nicht Tränen über die Leiden von Mrs. Bennet vergossen, die von grausamen Eltern aus dem Haus getrieben wurde und im Papierschnitzelschnee starb? Das Theater besuchen, bedeutete so etwas wie Abenteuer für mich. Man wurde dadurch auch zur Sparsamkeit angehalten. Ein Theaterbesuch mit weniger als Sixpence in der Tasche war ein Fehlschlag. Die Galerie kostete im Surrey-Theater vier Pence (gegen drei Pence im Elephant-Theater). Ein übriger Penny war nötig für eine Flasche Ingwerbier (alkoholfrei) und ein weiterer Penny für die Heimfahrt mit der Straßenbahn.

Und zu Hause begann das Unheil.

Klopfen an der Tür – Pause – Warten – das Geräusch von Füßen, die den Gang entlangkamen.

»Bist du das, Dick?«

Die Tür war immer verschlossen und verriegelt – gegen den Einbrecher, der niemals kam. Gott allein mochte wissen, wer dort hätte etwas stehlen können. Denn Mr. Freemans Sparbuch war in der untersten Schublade fest verschlossen und er selbst hatte einen Polizistenknüppel über seinem Bett hängen.

»Ja, Mutter!«

Dann das Geräusch von Riegeln, die zurückgeschoben wurden, und die Gardinenpredigt für mein schändliches Verhalten.

»Um diese Zeit in der Nacht ...! Du solltest dich schämen! Du junger Tunichtgut!«

Dann erwartete mich stets ein sanfter Klaps, als ich vorbeischoss, und dem ich immer geschickt auswich. Während der Sommerferien 1886 begann ich meine geschäftliche Laufbahn. Ohne Wissen der Freemans ging ich nach London und wurde in die Geheimnisse des »Verkaufen und Zurückgeben« eingeweiht. Die Zeitung, die ich mir wählte, war das »Echo«, ein gallig aussehendes Blatt, das wegen seiner hochmoralischen Tendenz und wegen der Genauigkeit seiner Tipps bekannt war.

Eines Sommernachmittags erschien ich mit einem Bündel »Echos« unter dem Arm vor Cooks Kontor bei Ludgate Hill;

unter den Fenstern desselben Clubs, dessen Präsident ich später einmal werden sollte. Es war ein atemberaubender Augenblick. Ich in dem wirklichen Mittelpunkt Londons! An mir vorüber rasselten die Pferdebahnen, die Karren und Wagen der riesigen Weltstadt. Ich sah die Großen des Landes, auf die mich ein sonderbarer alter Herr in einem schäbigen Überzieher und Zylinder hinwies, der Ludgate Circus unsicher machte. Sala – Mr. Lawson, der Eigentümer des »Telegraph«, der Vater des gegenwärtigen Viscount Burnham-Toole, der gelegentlich nach Fleet Street kam – Henry Irving, der mit einer schönen Dame, Ellen Terry, in einem eleganten Gefährt vorbeikutschierte. (Sie kamen aus der St. Paul's Cathedral.) Ich war sehr glücklich und dankbar, dass ich Gelegenheit hatte, solche Leute zu sehen.

Der Winter kam. Wenn ich mein Geschäft weiterbetreiben wollte, musste ich die Schule schwänzen. Und im Winter war der Verkauf nur mäßig. Alle bitterkalten Winde der Zeit schienen sich im Ludgate-Rund ein Stelldichein zu geben. Dort Zeitungen zu verkaufen, war ein Geschäft, bei dem einen ein Frostschauer nach dem anderen überlief und man tüchtig an der Nase fror. Ich fand eine neue Methode, Wärme zu erzeugen. Während ich mit den Füßen stampfte, deklamierte ich vor mich her murmelnd die Streitszene aus Julius Cäsar.

Cassius:
Dein Unrecht gegen mich wird hierin offenbar:
Du hast den Lucius Pella hart verdammt,
Weil er Bestechung von den Sardern nahm.
Den Brief, worin ich mich, weil ich ihn kenne,
Für ihn verwandte, hast du nicht beachtet.
Brutus:
Indem du schriebst, tatst du dir selbst unrecht.

Wie ich Cassius hasste! Wie machte ich ihn weinen und winseln! Und was für ein entrüsteter und zorniger Brutus war ich! Und vor dem Ende dieses Auftrittes glühte ich vor gerechtem Zorn.

Nur einmal war ich zu heftig geworden. Ein riesiger Polizist überschattete mich wie ein blauer Turm.

»Was ist los mit dir, Junge?«

»Nichts«, stammelte ich.

»Nicht richtig im Oberstübchen?«

»Ja, Herr«, antwortete ich, da ich es für eine sehr schlaue Erklärung hielt.

»Besser, du schiebst nach Hause.«

Ich schob.

Mein Verdienst schwankte (schätzungsweise) so um drei Schilling die Woche herum, die ich auf Ingwerbier, Theater und ein Naschwerk aus Kandiszucker verwandte, das »Devona« hieß.

Natürlich besuchte ich die Sonntagsschule, und die Sonntagsschule machte mich auch mit dem ersten Werk der Erzählkunst bekannt. Die Geschichte hieß »Christie's old Organ« und ich habe über sie manche Träne der Rührung vergossen. Die Moral der Geschichte war, dass man gütig gegen Leute sein müsse, die weniger glücklich sind als man selbst ist. Die Verwirrung, die durch »Christie's old Organ« in meinen Anschauungen angerichtet wurde, hat mich Tausende von Pfunden gekostet. Ich habe oft gewünscht, ich hätte meine Lektüre mit »Jack Sheppard« begonnen.

Meine Frömmigkeitsperiode begann gewöhnlich im April jedes Jahres und endete im Juli. Zwischen diesen beiden Daten pflegte der jährliche Sonntagsschulausflug stattzufinden. Und wenn man zu den regelmäßigen Besuchern der Schule gehörte, konnte man für einen Sixpence einen Tag Landaufenthalt und ein paar Mahlzeiten haben. Und man war kein regelmäßiger Schüler, wenn man nicht wenigstens einen Monat lang in den Büchern als solcher geführt worden war. Im Laufe der Jahre wurde ich regelmäßiger Schüler von fast jeder Sonntagsschule in der Umgegend, erwarb mir eine umfassende Kenntnis der eindrucksvollsten Wundertaten und hatte die Welt vom Epping Forest bis Chislehurst, vom Richmond Park bis zum Epping Forest kennengelernt.

Das letzte Fest von allen war das, das die Queen Victoria den Schulkindern gab. Ich ging – mit einer Etikette bezeichnet – nach Hyde Park, trank süße Limonade, schrie vor der unrichtigen Dame im königlichen Zug Hurra und wurde mit einem Jubiläumstrinkbecher in Gestalt eines abgeschnittenen Kegels belohnt. Von dieser Sorte gewann ich auf dem Heimweg im Zug noch drei andere durch Münzenaufwerfen (Kopf oder Schrift), aber ich hatte die Becher an die wütenden Eltern auszuliefern, die bei Peckham Rye Station warteten, um die Abenteurer willkommen zu heißen.

Bald danach trat des Lebens Ernst an mich heran. Das Zeitungsverkaufen ging sehr schlecht. Schlimmer noch war, es lohnte die Mühe nicht. Zum ersten Mal zog ich unter meinem eigenen Namen los – ich musste mir eine Abschrift meines Geburtszeugnisses holen, um mir eine ernste Anstellung zu sichern.

Es war interessant für mich, bei einem Namen gerufen zu werden, den ich niemals in meinem Leben benutzt hatte. Ich fühlte mich etwas wichtiger, als ob mir die Königin Rang und Titel verliehen hätte.

In Newington Causeway bestand eine große Druckerei, die einen »Abnehmer« suchte. Der Lohn betrug fünf Schillinge die Woche. Von diesen wurden während der ersten drei Wochen fünf Schillinge inne behalten als Bürgschaft, dass der Angestellte seine Stelle nicht ohne ordnungsgemäße Kündigung verließ.

Von acht Uhr morgens bis nachmittags halb sechs Uhr stand ich an der Druckmaschine und nahm Papiertüten ab, sobald sie bedruckt waren.

Es war eine ziemlich ermüdende Arbeit, aber ich hatte eine Filzschürze um, und im Laufe des Tages wurde mein Gesicht schwarz. Manchmal, wenn wir es mit Gold zu tun hatten, waren meine Schuhe mit Goldstaub bedeckt. Wenn ich dann abends heimging, konnten die Leute sehen, dass ich einer der Arbeiter der Welt war.

Ich lernte eine ganze Masse. Warum sagten die Maschinisten »Sy up!« anstatt: »Stop the machine«? Das Rätsel habe ich niemals lösen können. Und ich lernte auch etwas vom Wucher kennen. In jedem Saal gab es Männer und Jungen, die einem einen Fourpence liehen, wenn man ihnen am nächsten Sonntag einen Sixpence zurückgab. Der Ort war versucht von dieser Art Halsabschneiderei. Oft brachte ich von meinen fünf Schillingen nur zwei nach Hause, da ein guter Teil meines Lohnes auf Zinsen draufgegangen war. Ich glaube, der Unfug blüht heute noch und die Gewerkschaften könnten ihn ausrotten, wenn sie in der Sache vorgingen.

Meine Trennung von diesem Haus war eine gewaltsame. Ich war einen Tag von der Arbeit fortgeblieben und ein paar Stunden, nachdem ich sie wieder aufgenommen hatte, wurde mir das Geld ausgezahlt, das ich noch zu erhalten hatte, und mir gesagt, ich solle machen, dass ich fortkomme. Ich fragte nach den fünf hinterlegten Schillingen und wurde beschieden, dass ich diese verwirkt hätte. Dabei wurde mir das Schriftstück vorgelegt, in welchem ich mich mit der Zurückhaltung des Geldes einverstanden erklärt hatte.

Ich ging zu dem ersten Schutzmann, den ich traf – ich hatte immer ein blindes Vertrauen zur Polizei.

Es war ein dicker Mann mit Wangen, die über seinen Hals herunterhingen, aber er war Harry-Curtis Bennett für mich.

»Sie haben kein Recht, dein Geld zurückzubehalten«, sagte er laut. »Und du kannst überhaupt noch nichts unterschreiben, weil du minderjährig bist.« Ich glaubte bei dem Wort »minor«, das er gebrauchte, mein von Druckerfarbe schwärzliches Gesicht habe ihn zu der Annahme veranlasst, ich sei ein Miner.

Er erklärte: »Du bist minderjährig, unter dem gesetzmäßigen Alter.«

»Ich war zwölf an meinem letzten Geburtstag«, antwortete ich bedauernd.

»Verklage die Leute!«, sagte er in richterlichem Ton.

Ich ging aufs Polizeiamt, schob mich in die Reihe zwischen ein Mädchen, das wöchentliche Alimente vom Vater ihres Kindes forderte, und einen elend aussehenden Mann, der gegen seine kampflustige Frau klagen wollte. Als ich drankam, erzählte ich dem Magistrat die traurige Geschichte von den fünf Schillingen.

»Verklage den Mann«, riet er.

Die Sache kostete mich einen Schilling. Ich führte meine Sache selbst und gewann meinen ersten Prozess.

Als ich aus dem Gerichtssaal kam, wurde ich von einem Schutzmann angeredet, der ein gebrochenes Nasenbein hatte.

»Du wurdest früher ›Freeman‹ genannt«, warf er mir vor.

Zitternd gab ich die Wahrheit zu.

Er wies auf seine Nase.

»Dein Bruder Harry hat das getan«, sagte er.

Er schien mir nichts nachzutragen. Wir tranken zusammen Tee in einer Kaffeeschenke und er bezahlte. Ich versuchte es bei einer alten Druckerei – »Riddle & Couchmans« – und war ganz glücklich. Ich wurde im Papierlager beschäftigt, und das war sehr interessant. Ich erfuhr dort, dass elektrische Funken aus zwei Bogen Papier sprangen, nachdem sie unter der hydraulischen Presse herauskamen. Ich lernte, dass man sich den Finger an der scharfen Kante des Papiers bis auf den Knochen zerschneiden konnte. Ein Junge befand sich dort, der immer Bilder malte. Er wollte eines Tages in der königlichen Akademie ausstellen. Ich frage mich oft, ob ihm das gelungen ist und ob ein Künstler aus ihm wurde.

♦

3.

Riddle verließ ich in noch gewaltsamerer Weise. Es war in der Streikperiode. Eines Tages gingen alle Jungen fort – alle außer mir. Als ich zum Essen ging, wurden mir Vorwürfe gemacht, aber ich ging wieder an meine Arbeit. Ich wusste nicht, um was es sich handelte. Aber am Nachmittag hielt ich Zwiesprache mit mir selber und sicherte mir dramatischen Abgang aus dem Gebäude durch die Papierförderröhre. Die Jungen waren begeistert, aber ich war arbeitslos.

Ich fand eine andere Druckerei. Vierzehn Tage war ich dort. Es war eine Leib und Seele tötende Beschäftigung. Man druckte dort Eisenbahnfahrpläne. Es war weder Leben noch Farbe darin. Ich hatte große Pakete von Eisenbahndrucksachen in sehr stumpfsinnig aussehende Korridore zu tragen. Danach kehrte ich zu meiner alten Liebe zurück – zu den Zeitungen.

W. H. Smith versah mich mit einer spitzen Mütze und dann förderte ich den Verkauf von Zeitungen in höchst achtenswerter Weise auf dem windgefegten Bahnsteig von Ludgate Hill und St. Paul. Als das abflaute, fand ich eine andere Beschäftigung quer gegenüber Old Bailey. Wenn man früh genug zur Arbeit ging, konnte man dort die schwarze Flagge hochgehen sehen und die Armsünderglocke läuten hören, zum Zeichen, dass dort ein Sünder zum Tode befördert wurde.

»Rin in die Kartoffeln, raus aus die Kartoffeln.«

Eine Weile arbeitete ich bei einem Schuhverkäufer, indem ich die unbeschrittenen Sohlen der Schnürstiefel mit den Verkaufspreisen besah.

Es war eins jener Geschäfte mit Filialen in den ärmeren Bezirken. Sonnabendabends konnte man einen Extraschilling verdienen, indem man in einer der Filialen bedienen half. In einer sauberen weißen Schürze verkaufte ich Schuhwichse an die Damen Peckhams und drückte Dosen von Lederfett in die mit Hornhaut versehenen Hände der männlichen Vorüberschlendernden. Ich machte auf entzückende Pantöffelchen für Frauen aufmerksam und holte nagelbeschlagene Schuhe zur Besichtigung für robustere Bürger von der Stange. Es war nicht sehr interessant und ich segelte in eine Gummifabrik in Camberwell.

Ich hatte die Gewohnheit angenommen, mich zeitweilig gehörig zu betrachten.

»So, da bist du nun«, sagte ich, »und machst wasserdichtes Zeug.«

»Ja, hier bin ich«, gab ich mir dankbar zur Antwort. Ich war vorwärtsgekommen. Ich war Arbeiter in einer Fabrik – ich, der ich mein Leben als heimlicher Verkäufer von Zeitungen angefangen hatte, hatte einen geeigneten Platz im Kreise der Industrie gefunden.

Bei den Gummiwerken war ein galliger Mann angestellt, dessen Wesen mich etwas lehrte. Er war verbittert über alles – sein Heim, seine Arbeit, über die mit Fleisch belegten Brötchen, die ihm seine Frau mitgab, über meine Unzulänglichkeit – ich war sein Assistent – und über seinen Chef, der ihn piesackte. Ich setzte mich eines Tages während der Frühstücksstunde hin und grübelte über den Ursprung der Verbitterung nach. Und ich führte sie auf ihre erste Ursache zurück. Ich war so erfüllt von meiner selbstständig durchgeführten Entdeckung, dass ich über den Mann herfiel, sobald er aus dem Hof zurückkam.

»Sie sind verbittert über sich selbst«, sagte ich ihm mit der Miene eines Gelehrten, der eine große Entdeckung bekanntgibt.

Er trug gerade eine Rolle Damasttuch und schlug mich damit über den Kopf. So lernte ich zwei Dinge: niemals sich selber leidtun und niemals den Leuten bittere Wahrheiten sagen, wenn man nicht in der Lage ist, sie wieder zu schlagen.

In dieser Fabrik lernte man das Kunststück, sich einen billigen Rausch zu verschaffen. Der Gummi wurde in Naphtha aufgelöst. Wenn man sich über den Bottich lehnte, in dem der Auflösungsprozess vor sich ging, und die Naphthadämpfe einatmete, war es möglich, sich auf angenehme Weise bis zur Lustigkeit zu beschwipsen. Auch sterben konnte man daran. Ich verschaffte mir manches angenehme Räuschlein auf diese Weise, bis ich eines Tages doch sehr krank davon wurde. Ich schrieb darauf den ersten Akt eines kleinen Stückes in gereimten Couplets. Es war ein beleidigendes Stück über meinen sich selbst bemitleidenden Vorgesetzten. Einige Zeit später beklagte er sich, ich sei ihm kein so nützlicher Gehilfe, als ich das sein könnte. So ging ich von Gummi zu Leder über. Ich stellte Schuhabsätze her, indem ich Lederabfälle in einer Mulde aufeinanderklebte.

Freitagabends und Sonnabendnachmittags hatte ich eine sehr zarte, ja eine beinahe künstlerische Aufgabe. Eines der Freeman-Mädels hatte geheiratet; einen Blumenverkäufer. Er war ein ehrenwerter Kesselschmied, als er heiratete. Aber wie ich unterrichtet wurde, kamen Kessel bald nach seiner Heirat aus der Mode und er war zu Blumen übergeschwenkt. Ich kann niemals einen Kessel sehen, ohne dass er in mir nicht die Vorstellung eines Blumenstraußes erweckt. Meine Aufgabe im Sommer war, Rosen zu »drahten«, ihren Kelch unten an zwei Seiten so zu durchbohren, dass die Blütenblätter weder herunterhängen noch fallen konnten. Im Winter tauchte ich Efeublätter, Hagebutten und Mehlbeeren in eine Zuckerlösung. Wenn sie getrocknet waren, waren sie mit einer Glasur überzogen.

Jeden Sonntagmorgen kam der Kesselschmied-Blumenhändler mit einem Jammergesang von Covent Garden zurück.

»Fivepence das Sträußchen!« Er schüttelte die unschuldigen Blumen erbost. »Ich glaube nicht, dass Blumen jemals so teuer werden könnten!«

Neulich sprach ich mit einer alten Dame, die Blumen im Piccadilly Circus verkauft. Sie holte aus der Tiefe ihres Korbes ein zerzaustes Bündel Lilien.

»Zwei Schilling den Strauß! Ich wusste nicht, dass Blumen so teuer sein könnten!«

Ich nahm verschiedene Arbeiten an; einige davon dauerten nur 14 Tage. Ich war niemals länger als zwei oder drei Tage arbeitslos.

Eines Tages kam ich nach Hause und erzählte Mrs. Freeman, dass ich Beschäftigung außerhalb Londons gefunden hätte. Sie machte sich Gedanken darüber, denn »außerhalb Londons« war für sie gleichbedeutend mit außerhalb der Welt überhaupt. Ich sprach daher nicht weiter darüber, sondern begleitete den gefälligen jungen Seemann (er saß auf der Galerie des Surrey-Theaters neben mir) nach Grimsby. Ich hatte Papiere bei mir, die von meinem »Vater oder Vormund« unterschrieben waren – Mr. Freemans Name war leicht zu fälschen – und die mir gestatteten, auf dem größten Schiffsdampfer von Grimsby anzumustern. Seinen Namen habe ich vergessen. Heute gibt es bei den Islandfischereien von Hull einen Fischdampfer »Edgar Wallace«.

Da ich mich meiner eigenen unglücklichen Erlebnisse erinnerte, war ich unwillig, gerade meinen eigenen leblosen Namen an ein solches Fahrzeug geknüpft zu sehen.

Wie lange ich damals auf See war, weiß ich nicht. Mir schien es ziemlich 28 Jahre gedauert zu haben. Wahrscheinlich war es nur ein Monat. Es war mitten im Winter. Ein Sturm wehte uns hinaus, Sturm wehte uns heimwärts. Und dazwischen blies ab und zu ein Schneesturm. Die Rahen waren vereist, die Fische steifgefroren, als man sie in den Raum schaufelte. Ich war Koch und Kajütenjunge. Ich kochte Kakao, Suppen und Tee. Ich machte Plumpudding und röstete gefrorenen Hammel. Und während der ganzen Zeit war ich seekrank. Von der Mannschaft wurde ich geknufft, weil ich ein Papier voll Stecknadeln mit an Bord gebracht hatte – ein unverzeihliches Verbrechen an Bord eines Fischerfahrzeuges, denn Stecknadeln bringen Unglück –, und von Kapitän und Steuermann wurde ich wegen meiner Mängel als Küchenchef ebenfalls geknufft.

Am siebenten Februar liefen wir in Grimsby ein. Und obwohl ich mich für ein Jahr verpflichtet hatte, begab ich mich auf den Heimweg. Ich hatte einen Schilling aus der Kapitänskajüte gestohlen und ein Paar Seestiefel, die mir zwei Nummern zu groß waren. Auf dem Heimweg nahm ich Arbeit an, wie sie sich mir bot; aber wo ich keine finden konnte, stahl ich Brot aus den Bäckerwagen. Buchstäblich genommen bestand meine Nahrung aus Brot und Wasser. Die Reise nahm mir den größten Teil von drei Wochen in Anspruch und ich erreichte die Heimat in einem Paar Schuhen, das einem gutgläubigen, aber reichen Gentleman aus St. Albans gehörte. Sein Diener hatte es geputzt und auf den Fenstersims gestellt. Dort fand ich es, als ich auf der Suche nach Lebensmitteln herumstrich.

Aus irgendeinem Grund, den ich erst Jahre später erfuhr, sah Mrs. Freeman diese Heldentat als etwas unrühmlich an. Ich erfuhr später, dass es das gefürchtete Wort »Desertion«, das sie in Schrecken setzte. Ich war von einem Schiff desertiert, und anscheinend standen schwere Strafen, ja sogar Gefängnis auf solch ruchloses Vorgehen.

»Am besten ist es, du erzählst anderen nichts davon«, mahnte sie. Mr. Freeman stimmte dem bei. Im Allgemeinen machte er ihren Sittenkodex zu seinem eigenen.

»Besser, du wirfst dich aufs Milchgeschäft«, sagte George Freeman. Und so vereinigte ich mich nach einem Familienrat mit Harry, dem Milchmann.

Harry, der Milchmann, war in irgendeiner Weise mit den Freemans verwandt. Ein starker Mann aus Wiltshire mit einem blühenden Gesicht und einem dünnen, gewichsten Schnurrbart. Er hatte einen kleinen Krach mit seinen Arbeitgebern gehabt, ehe er – er hatte sich etwas Geld gespart – für seine eigene Rechnung anfing. Ich weiß nicht mehr, ob er drei oder sechs Monate für seine Unterschlagungen bekommen hatte. Einen so unwesentlichen Umstand habe ich niemals erörtert.

Es gab keinen bezaubernderen Handelsmann als Harry. Wenn er seinen Hut vor einer Köchin abnahm, wurde die Milchrechnung umso viel größer. Sein Haar war in der Mitte gescheitelt und wunderbar gebürstet. Er hatte eine Art, mit Dienstmädchen zu verkehren, die diese in einem träumerischen Zustand zurückließ, und wenn er nicht »auf dem Bummel« war, war er der leidenschaftliche Antialkoholiker.

Dann eilte er, wie sich das für die Wichtigkeit des Augenblicks gehörte, in Gehrock und Zylinder nach dem Deptford Broadway und sprach von einer Rednertribüne herab zu der Menge über die Sünden und Schäden der Unmäßigkeit. Harry, der Milchmann, war weit und breit bekannt; sogar bis auf den heutigen Tag erinnert man sich seines Namens und seiner Taten.

Einmal hatte er ein eigenes Geschäft im Norden von London gehabt, das durch seine Schuld zusammengebrochen war, teils durch Suff, teils durch galante Abenteuer. Er war zu beliebt bei den Dienstmädchen. Zufällig war er auch verheiratet.

Ein Laster wenigstens hatten wir gemeinsam. Wir liebten es, Schmöker zu lesen. Geschichten, die um das Leben des historischen Charakters »Deadwood Dick« herumgeschrieben waren, wurden von uns bevorzugt. Immer und immer wieder fand uns der kalte Morgen zusammen vor dem Feuer sitzend, jeder ein dünnes

Bändchen in der Hand und Zeile auf Zeile verschlingend; gebannt von den Ereignissen: von haaresbreitem Entrinnen, von hochmütigem Trotz, von kühner Rettung unschuldigen Mädchentums.

Manchmal las Harry laut vor, mit einer Stimme, die vor Ergriffenheit bebte.

»Beim Himmel!«, schrie Black Pedro. »Dich soll der Tag noch reuen, an dem du meinen Weg gekreuzt hast, Deadwood!«

Unser Held warf mit einem lustigen Lachen den Sombrero in die Luft.

»Du hast den Menschen ein Leben lang gedroht, Black Pedro!«, schrie er. »Adios!«

Er warf sich auf »Starlight«, gab dem Mustang die Sporen und verschwand in einer Wolke von Alkalistaub.

Und während der ganzen Zeit stand der Milchmann draußen vor der Ladentür, ein fröstelndes Pferd stampfte aufs Pflaster und die vor Ungeduld wütenden Kunden Brockleys schrien nach ihrer Frühstücksmilch, die nicht kommen wollte.

In einem seiner Abstinenzanfälle bewog er mich dazu, das Mäßigkeitsgelübde abzulegen. Da ich nicht einmal wusste, wie ein starkes Getränk schmeckte, unterzeichnete ich bereitwilligst. Er war Mitglied einer Loge, »The Rose of Kent«, von den »Sons of the Phoenix« und wurde im Laufe der Zeit deren Großmeister. Auch ich wurde »ein Sohn des Phönix« und man halste mir die Stelle des Logensekretärs auf – ein Posten, der mir zwei Pence pro Mitglied im Vierteljahr einbrachte. Als Logenoffizier trug ich eine große Schärpe aus scharlachfarbigem Samt, die mit einem Gottesauge aus Goldflitter verschönert war. Das Auge Gottes hätte von Rechts wegen über meinem Herzen sitzen müssen, aber da es meiner Körperlänge an Zentimetern fehlte, starrte es stets von meiner Magengegend aus auf die Welt. Ich wurde feierlich als »Werter Sekretär« angeredet. Ich trug die Schärpe bei öffentlichen Umzügen – hauptsächlich Begräbnissen –, bei denen ich unter einem riesigen Seidenbanner marschierte, das, wenn ich mich recht erinnere, den Weg zum Ruin darstellte, den der Trinker langsam hinunterstrauchelt. Das Banner wurde von zwei hin und her schwankenden Leuten getragen, die – außer bei Begräbnissen – rauchten, um anzudeuten, wie wenig Beschwerde ihnen das Tragen dieser Last verursachte.

Die Mitglieder waren Arbeiter, gute Kerle, die ein gutes Stück Arbeit leisteten. Ich habe nur Hochachtung und Zuneigung für sie übrig. Diese alte Loge besteht noch. Ich sah deren neues Banner neulich bei einer Krankenhausparade an dem Fenster meiner Wohnung vorübertragen. Ich wäre auch auf meinen Balkon getreten und hätte es begrüßt, aber ich war in Pyjamas.

Jahrelang habe ich ein Andenken an jene Zeit bewahrt – eine Fotografie, die mich mit einem Korb Eiern im Arm in einer graziösen Stellung an einem Milchkarren darstellt. Und wenn meine Kinder am Ende der Ferien dagegen murrten, dass sie in ihre kostspielige Schule zurückkehren sollten, habe ich ihnen dieses Bild gezeigt.

»Es ist leichter, in die Schule zu gehen, als Eier zu verkaufen, besonders die Sorte Eier, die ich zu verkaufen hatte«, sagte ich ihnen.

Harry und ich stritten uns häufig über das Reinigen der Milchkannen. Er behauptete, ich sei ein schlechter Säuberer. Ich antwortete ihm, dass meine Hände nicht geschaffen seien, um Milchkannen zu reinigen. Wir trennten uns.

Ein würdiger Logenbruder, der ein tüchtiger Stuckateur war, war gleichzeitig Vorarbeiter einer Firma, die Wege anlegte. Er bot mir Arbeit an. Der Weg zum Victoria Dock wurde aufgerissen und mit Granitfliesen ausgelegt. Ich wurde als Maurergehilfe und gleichzeitig als Zeitkontrolleur angestellt. Meine Pflicht war eine mannigfaltige. Ich musste eine Art Buch führen – über was, ist mir nicht mehr erinnerlich; und ich trug große Eimer mit Wasser von einem entfernten Brunnen zu dem Platz, wo der Mörtel gemischt wurde.

Ich hielt auch das Bandmaß, wenn die Arbeit zugemessen wurde. Ebenso hatte ich den Nachtwachmann abzulösen, während er seinen Tee trank; und ich half, die roten Lampen zurechtmachen, die an den Gerüstpfählen aufgehängt wurden.

Als ich eines Tages die Lampen an den Pfählen aufhängen half, kam ein Mann zu mir und fragte mich, wie viel ich verdiene. Ich erzählte ihm mit stolzem Bewusstsein, dass ich die Firma um 15 Schilling die Woche ärmer mache.

»Pah!«, erwiderte er.

Da war ein bärtiger Mann, der das Englisch mit einem besonderen Akzent aussprach. Er trug eine Jagdmütze und hatte ein befehlendes Äußeres.

»Sie verrichten eines Mannes Arbeit! Beanspruchen Sie mehr!«, sagte er.

Ich war betroffen. Ich ließ mir nicht träumen, dass ich so viel verdienen solle. Hier war ich! Ich, der froh gewesen war, fünf Schilling die Woche zu verdienen, hatte nun auf einmal 15 Schilling in der Woche.

Die Saat der Auflehnung schlug keine Wurzel. Und als ich mit dem Nachtwachmann sprach, fragte ich ihn, wer der alte Krauter gewesen sei.

»Das ist Keir Hardie. Er steht als Kandidat auf der Wahlliste dieses Bezirks.«

Eines Morgens, als ich zur Arbeit kam, erfuhr ich, dass Keir Hardie ins Parlament gewählt worden sei.

Bald danach wurde ich nach Silverton an die Werft geschickt, um dort das Gewicht des Granits nachzuprüfen, der von den Leichtern auf die Karren verladen wurde. Hier traf ich einen französischen Erfinder, der mit einer Art Ziegelsteine Versuche machte. Er sagte mir, es gäbe keinen Gott; das war eine große Erlösung für mich. Er glaubte an Wiederverkörperung und dass er früher einmal eine Katze gewesen sei. Er war ein Mann mit grünlich schimmernden Augen, hatte das Gesicht voll Pickel, war schrecklich dürr und voll Bewunderung für den Historiker Motley. Er brachte mir ein Buch »Aufstieg und Niedergang der Niederländischen Republik«, das ich, soviel ich mir auch Mühe gab, nicht zu Ende zu lesen vermochte. Es war ein schrecklich trockener Stoff nach »Deadwood Dick«.

Die Arbeit ging zu Ende. Mein werter Phönixlogenbruder forderte mich auf, mit ihm nach Clacton zu kommen. Irgendein Bösewicht errichtete reihenweise Villen und mein Phönixmann hatte sich um die Stuckarbeit beworben.

Es war mitten im Winter. Ich war Stundenkontrolleur – aber gewöhnlich erst dann, wenn die andere Arbeit getan war, von Sonnenaufgang bis Sonnenniedergang löschte ich Kalk mit meinem langstieligen Karst, füllte Tröge damit und trug sie steile Leitern hinauf. Der Kalk biss sich so tief in meine Hände, bis sie nicht einmal mehr die Berührung von Wasser ertragen konnten. Aber ich kann die gesunde Luft Clactons bezeugen – ich war stets hungrig. Eines Tages entschloss ich mich, die Arbeit niederzulegen. Ich hätte meinen Lohn fordern können, aber ich hielt es für zwecklos. Ich arbeitete für einen Mann, der selbst Arbeiter war, und ein Arbeiter, der selbst in der Welt vorwärtskommt, hat etwas von einem Tyrannen an sich.

Anstatt dessen ging ich nach Colchester, versetzte meinen Überzieher für sechs Schilling und kam in London mit einem festen Entschluss an, der das Ergebnis einer langen Zwiesprache mit mir selber war.

»Hier bin ich!«, sagte ich.

»Wo bist du?«, fragte ich. »Du verdienst 15 Schilling die Woche. Du hast weder Erziehung noch Aussichten. Deine Handschrift ist unter aller Kritik, für einen Tagelohnarbeiter bist du nicht stark genug und für einen Büroangestellten nicht klug genug. Du stehst auf einem toten Gleis. Wie kommst du davon runter?«

Am Boxing Day gab ich meinen letzten Schilling aus, um Fred Leslie in »Cinderella« zu sehen.

Am folgenden Tag borgte ich mir Sixpence, um unter tränenvollem Protest Mrs. Freemans meine Fahrt nach Woolwich zu bezahlen. Dort ließ ich mich als Gemeiner des Royal West Kent Regiment anwerben.

♦

Hier war also der Bruch, eine entschiedene, scharfe Wendung des Weges. Die erste Klippe im Aufstieg. Ich hatte nichts anderes im Auge als der Mann auf dem Grund einer Grube, in die er hineingefallen ist – mein einziges Bestreben war, aus dieser Grube herauszukommen.

Irgendjemand hatte mir ein Exemplar von Smiles' »Selbsthilfe« geliehen. Ich glaube, das war das entmutigendste Buch, das ich damals gelesen habe. Alle diese armen Jungen, die in verschiedenen Künsten und Berufen zu Größe gelangt waren, hatten irgendwelche natürliche Veranlagung. Sie waren entweder Mathematiker oder Künstler. Die Grundlage zu ihrem Glück wurde durch ihre Anlagen gelegt. Einige wenige geduldige Seelen gab es dazwischen, die ihren Weg vom Kontordiener zum Leiter großer Gesellschaften gemacht hatten. Aber mir schien es, als ob diese nichts weiter getan hätten, als sich in der Mitte des großen, langsam rinnenden Stromes zu halten, um ihrem eleganten Hafen zuzutreiben.

Mein Ehrgeiz hatte kein bestimmtes Ziel. Ich studierte weder bis in die tiefste Mitternacht hinein Jura, noch hütete ich meine Pfennige, um ein Vermögen zusammenzuscharren. Ich begehrte niemals riesige Reichtümer. Mir war Geld eine Münze, um ausgegeben zu werden und sich Freuden zu verschaffen.

Wenn ich überhaupt eine innere Bewegung bei der Betrachtung meiner neuen Laufbahn empfand, so war es jener innere Schauer, den ein Junge empfindet, wenn er sich in den Zug setzt, der ihn nach seiner ersten Boarding School bringt.

Die Reise nach Maidstone war ziemlich langweilig. Ich hatte dasselbe Abteil inne, in dem zwei Zuchthaussträflinge nach dem Maidstone Prison überführt wurden; im großen Ganzen waren sie in gehobenerer Stimmung als ich. Sie waren früher schon einmal dort gewesen und besprachen die Möglichkeit, wieder ihre alte Arbeit zu bekommen; dabei erörterten sie den Vorzug eines Gefangenenwärters vor dem anderen.

»Ist der alte X noch immer am Tor?«

Der begleitende Wärter war freundlich und sagte ihnen, der alte X sei noch immer »am Tor«. Aber ein neuer Oberaufseher wäre da. Einer der Gefangenen hatte ihn im Exeter Jail »getroffen«. Er meinte, er sei ein ziemlich anständiger Geselle, aber der Wärter gab eine durchaus nicht begeisterte Bestätigung dieser Ansicht.

Sie fragten nach alten Freunden. Bill Soundso sei noch »auf dem Moor« und Harry Soundso sei in Portland. Sie kamen überein, dass Portland schlimmer als Dartmoor sei, aber nicht so kalt. Einer der Männer sprach über Gefängnisse wie ein Mann, der es darin zur Virtuosität gebracht hat. Er hätte ein Mitglied der begünstigten Klassen sein können, der über Hotels auf dem europäischen Festland plaudert. Am Ende der Reise trennte ich mich mit leisem Bedauern von ihnen. Tatsächlich wäre ich nicht traurig gewesen, hätte ich so angenehme und erfahrene Abenteurer begleiten können. Alles in allem hatten sie nur fünf Jahre »bekommen« und ich sollte sieben Jahre in der Armee zubringen, ohne Nachlass für gute Führung.

◆

4.

Ich habe wieder und immer wieder über die Armen und ihr Problem gelesen, bis ich dessen müde war. Von Zeit zu Zeit steigen junge Oxford-Gentlemen in das hinunter, was so malerisch als »Abgrund« bezeichnet wird, und tasten im Schlamm nach den Grundursachen. Sie schreiben sehr gelehrt über Arbeit, Nationalökonomie, Bedarf und Nachfrage und setzen Beispiele und Illustrationen in das grellste Licht, um solche Theorien zu stützen, die zu ihrer Kenntnis gelangen.

Heute sagen sie uns, dass der Anblick von so viel Luxus in West End, Juwelenläden, die schimmernden Automobile, die verwöhnten Schoßhunde der Damen der Gesellschaft, ein Gefühl der Unruhe unter den fronenden Armen erwecken. Ich kann mich nicht entsinnen, wann dieser »Beweis« einer kommenden Revolution nicht angeführt wurde ... Die Wahrheit ist die, wenn die Arbeiter ordentliche Hausung haben und genügend verdienen, um ihre Familien mit dem Komfort zu versehen, zu dem sie berechtigt sind, kümmern sie sich einen Pfifferling um die, die es besser haben als sie selber. Klassenhass ist eine Erfindung. Die britischen Armen sind zu sentimental, um dem Erfolg zu grollen; sie haben zu hohe Grundsätze und sind zu intelligent, um Anstoß an dem Glück ihrer Nachbarn zu nehmen. Sie sind anständige Menschen, sauber im Denken und im Wort. Sie sind es, die das versiegelte Muster nationaler Wohlanständigkeit in Händen halten.

Man ist gewohnt, sich den Armen in elenden Verhältnissen vorzustellen. Aber es gibt Arme, die in schäbigen Straßen wohnen, die ihre Fenster blank halten und ihre Türschwellen weiß. Arme, denen Almosen ein Gräuel sind und die von der Furcht gehetzt werden, dass sie auf Gemeindekosten begraben werden könnten. Stolze, sich auf sich selber verlassende Arme, die Hilfe verachten und die das Geheimnis ihrer Armut höchst sorgfältig hüten. Und das ist die große Mehrzahl. Die Theoretiker jener Thesen sind niemals mit diesem Volk zusammengetroffen; und wenn sie auf dieses Volk stießen, würden sie nichts erfahren, denn jene Armen reden niemals von sich und über sich und betrachten die mit säuberlichem Argwohn, die in ihren Angelegenheiten herumschnüffeln. Die Männer haben einen guten Anzug für den Sonntag, ihre Kinder tragen gestärkte kleine Anzüge und Kleidchen, die sorgfältig zusammengefaltet und während der Woche weggelegt sind. Man kann die kleinen Jungen mit Blumensträußchen auf ihren Jacken sehen. Das sind die Armen, die ein Wohnzimmer haben, in dem die Familie nur an Sonntagen sitzt, die am Mittwoch oder Donnerstag waschen und am Sonnabendnachmittag den Einkauf besorgen.

Hunger und Schmutz sind nicht die Hausmarke der Armut; sie sind der normale Zustand der Unwirtschaftlichkeit. Ich habe jene Armen im Auge, die 15 Schilling auf den Kopf des Haushaltes und für die Woche aufbringen. Ich spreche von Frauen, die jeden Penny umzudrehen haben, ehe sie ihn vorausgeben, und für die Bankfeiertage Ereignisse von höchster Wichtigkeit sind, für die zurückgelegt werden, die man im Auge behalten, an die man sich erinnern muss.

Das sind die Armen, die die Kirche verloren hat. Denn jahrelang hat die Kirche jenen Männern und Frauen, die einen Tag Befreiung von Pflicht benötigt hätten, nichts als Pflicht geboten, und so brachte sie eine neue Trübung in ein Leben, das weiß Gott schon grau genug war.

♦

Der Weihnachtsschmuck hing noch in den Kasernenräumen – ein trauriger Anblick für den jungen Rekruten. Nur ein einziger Mann befand sich in der langen nackten Kasernenstube, als ich eintrat. Er saß auf dem Rand eines Bettes und putzte seine Knöpfe. Das Bett war verziert mit schneeweißen Gurten und Riemen; ein winziger Tornister, nicht größer als die Handtasche einer Dame, glänzte schwärzlich am Fuß des Bettes.

»Rühr' die Riemen nicht an oder ich galoppiere dir die Därme aus dem Leib«, sagte er mit einer sanften, beinahe freundlichen Stimme.

Er sollte auf Wache am nächsten Morgen. Der Ärmel seiner roten Sergejacke war mit zwei Streifen für gute Führung verbrämt. Er war, wie er mit einer Art selbstbewusster Gleichgültigkeit zugab, »ein alter Schwitzer«. Er hatte »seine Sieben« abgerissen und wollte weitere fünf »abreißen«. Es ginge nichts über Indien. Die Armee sei nicht mehr das, was sie war. Das Bier auch nicht. Alle Zahlmeister machten ungeheure Summen, indem sie die Truppe darum betrogen, und kauften sich ganze Reihen von Häusern; der Sergantmajor sei kein schlechter Kerl, aber der Fahnenunteroffizier sei ein regelrechter Bastard.

So unterrichtete er mich bald über alle wissenswerten Punkte, über die Skandalgeschichten und den besonderen Stolz der Maidstone-Kasernen. Ich fragte ihn, wo sich die Bibliothek befinde. Der Korporal, der mich an der Eisenbahnstation getroffen hatte, sagte mir, dass ich dort eine Erfrischung haben könne.

»Bibliothek?« Der alte Schwitzer glaubte, nicht recht gehört zu haben. »Bibliothek? Die Kantine meinst du wohl? Nicht? Wenn du Abstinenzler bist, dann werde ja nicht Soldat! Sonst bist du innerhalb eines Monats ein toter Mann. Besonders in Indien. Die kommen immer zuerst an die Reihe. Heute rot, morgen tot. Und alles nur deshalb, weil sie Limonade trinken und Kuchen essen.«

Er bot sich an, mir die Kantine zu zeigen. Ich war entschlossen, die Bibliothek zu sehen. Er erbot sich, mir auch die zu zeigen, und erklärte, ich würde ihn nicht in der Kaserne gefunden haben, wenn er Geld hätte.

»Kaffee ist besser als nichts – aber fordere mich nicht auf, Limonade zu trinken; die fault inwendig!«

Die Bibliothek zeichnete sich durch Abwesenheit alles dessen aus, das irgendwie einem Buch ähnlich sah. Zwei große Bände lagen auf einem Bordbrett, aber bei näherem Zusehen entpuppten sich diese als Dame- oder Schachbretter unter der Maske der Literatur.

Die Bibliothek war ein Holzgebäude mit zwei herunterhängenden Öllampen, einem zusammenklappbaren Tischchen, mehreren größeren Tischen und hier und da verstreut stehenden Stühlen. An einem Ende des Raumes stand ein Schenktisch, hinter diesem eine rauchende Lampe, ein großer dampfender Kessel, ein paar Flaschen Limonade und ein Teller voll höchst nüchtern aussehender Backware. Ein Ofen spendete Wärme, aber das wurde ich nicht sofort gewahr. Ich sah einen Haufen von Leuten um etwas herumsitzen, aber ich dachte, sie spielten ein Spiel.

»Die Kantine ist lebhafter«, bemerkte mein Führer. »Bier macht singen, Limonade frisst einem bloß das Magenfutter entzwei.«

Ich erklärte, dass ich den verfluchten Feind, den Menschen über die Lippen brächten, um sich von ihm ihr Begriffsvermögen stehlen zu lassen, weder berührte noch kostete. Er schüttelte düster seinen Kopf, während er seinen Kaffee kaltblies.

»Du wirst in Indien sterben«, sagte er unheilverkündend. »Jede Nacht hatten wir dort ein Begräbnis, und gewöhnlich war es ein Limonadentrinker. Biertrinker sterben nie auf eine natürliche Weise. Aber Bibelfritzen gehen aus wie ein Talglicht. Es ist das Klima.«

Er trank seinen Kaffee aus und dankte mir höflich. Danach lieh er sich einen Threepence, um eine Dose »Blanco« zu kaufen, und verschwand, wahrscheinlich in der Richtung der Kantine.

Die Maidstone-Baracken bestanden aus zwei Geschosse hohen hölzernen Hausungen sehr ehrwürdigen Alters. Auch ein moderneres Ziegelgebäude, bestehend aus vier großen Sälen, zwei an jedem Flügel, war da. Holzhäuser und Ziegelbau bildeten zwei Seiten eines Vierecks, das an den anderen beiden Seiten durch einstöckige Häuser für die Verheirateten begrenzt war. Alte Bäume rammten das Viereck ein. Hinter dem Kasernenviereck war ein großer Sportplatz, der bis zu den Fußweg längs Medway hinunterlief.

Ich war in der Ziegelbaracke untergebracht. Mein Bett bestand aus einer dreiteiligen viereckigen Unterlage, deren Teile »biscuits« genannt wurden. Diese waren mit einem unelastischen Stoff ausgestopft. Drei Decken und zwei Bettlaken aus rohem, ungebleichtem Leinen, die jeden Monat einmal gewechselt wurden, vervollständigten die Bettausrüstung.

Um 7 Uhr 30 morgens wurde das erste Mal angetreten, die letzte Musterung fand um halb drei Uhr nachmittags statt. Im Großen und Ganzen stand der Komfort unter dem eines Arbeitshauses und wesentlich unter dem Maßstab, den man im Dartmoor Prison gelten ließ. Ich will damit nicht klagen, ich war ganz glücklich darüber. Es war mindestens ebenso gut wie das, was mir vorher zuteilgeworden war.

Vier Tage ging ich umher wie ein Träumender. Ich erhielt meine Ausrüstung, man nahm mir Maß für meine scharlachrote Uniform, ich wurde Besitzer eines Gewehrs und eines Bajonetts und der Slade-Wallace Equipierung. Ich bewegte mich bald hierhin, bald dorthin, je nach den Befehlen verschiedener Götter, die Streifen an ihrem Ärmel trugen. Ich lernte die Trompetensignale unterscheiden. Die ersten beiden davon, die jeder Soldat lernt, sind »Küche«, das Signal zum Essen, und »Antreten zum Rapport«. Korporale erfüllten mich mit ehrfürchtiger Scheu. Sergeanten jagten mir Schauer ein. Der erste Offizier, den ich zu Gesicht bekam, war die fürchterlichste Erscheinung für mich. Ich begrüßte herzlich die erste Grußübung und sobald ich erst diese Ehrenbezeugung weghatte, lag ich nach Offizieren auf der Lauer, um das Grüßen praktisch zu verwerten. Sehr bald hatte ich meinen Spitznamen weg. Man nannte mich »Nune«, nach einem berühmten Preisboxer.

Es war ungemein interessant. Die alten Leute waren sehr nett zu den grünen Rekruten. Aber das ist nicht zu verwundern, denn Tommy ist die Dauerblüte der Ritterlichkeit. Manche Leute glauben, die Atmosphäre in der Armee selber sei imstande, wüste Kerle und Hallunken in gute Burschen zu verwandeln. Das ist natürlich Unsinn.

Die Kerle waren eben gut, ehe sie eintraten. Sie gehören zu der heiter duldenden Klasse. Ihre Mütter haben unter den größten Schmerzen in ihren lebenswichtigen Organen am Waschfass gestanden und mit Lächeln die Bürden endloser Reihen von Waschtagen getragen. Ihre Väter sind in den kalten Morgen hinausgezogen, haben geschwitzt und geknurrt den langen Tag hindurch und sind nachts heimgekehrt, um ein Bad am Küchenausguss zu nehmen, eine Tasse Tee, einen Bückling zu genießen und dann Pfeife zu rauchen.

Der Tommy ist das Salz der britischen Erde, weil die arbeitenden Armen der angelsächsischen Klasse das Salz der Erde sind, soweit diese britisch ist; die sauberen und anständigen fronenden Armen, die in ihren Söhnen und Töchtern dauernde Erinnerungsmerkmale an ihre eigene Opferwilligkeit und Ergebung errichteten. Wenn ich einmal ein reicher Mann bin, werde ich die Statue einer

Frau am Waschtrog errichten lassen und ich werde dieses Denkmal »Das Mark des britischen Volkes« nennen.

Zwei Gegenstände durften in den Kasernenräumen nicht erörtert werden: Politik und Religion. Nicht, dass wir gemeinen Soldaten es mit der Religion sehr ernst genommen hätten. Aber wir hatten eine große Achtung vor den Leuten, die das taten. Man wird genau die gleiche Stellungnahme in irgendeinem beliebigen Wagen irgendeines Eisenbahnzuges finden, der zum Rennen fährt. Man wird diesen gleichen Zug während der Derbywoche auf den Epsom Downs beobachten, in dem leeren, verschleierten, unergründlichen Blick, mit dem Traktatverteiler empfangen werden. Diese sind da, aber Männer und Frauen unserer Klasse sind höflich genug, sie nicht zu sehen.

Ich sah einmal einen Soldaten, der vor seinem Bett kniete und betete. Niemand warf Stiefel nach ihm, wie das in Traktätchen geschildert wird. Aber Traktätchen sind die naivste Formen der Erzählkunst. Wir pflegten, den Mund zu halten, bis er mit seinem Beten fertig war und wenn wir uns ungemütlich fühlten, das Gewissen hatte nichts damit zu tun. Wir fühlten uns einfach beklommen, wie ich heute Verlegenheit empfinden würde, wenn ich in der Kirche einen Mann aufstehen sehe, der den Ausführungen des Predigers widersprechen würde.

Zwei Dinge durfte man in der Kasernenstube nicht tun: das Bajonett aufpflanzen oder den »Totenmarsch aus Saul« pfeifen. Für jede dieser Übertretungen gähnte den Sünder der Wachraum an.

Infanteriedienst ist nicht interessant. Etwas interessanter war der Patrouillendienst. In der Nähe der Baracken befand sich ein kleines Wirtshaus, »The Phoenix«. (Wie das Wort nicht anheimelte!) Diese Gaststätte wurde von gewissen stürmischen Gemütern bevorzugt. Eines Nachts gab es Schlägerei dort und ich und ein Kamerad wurden beauftragt, einen langen Kerl von der Miliz in seinem radausüchtigen Stadium der Trunkenheit hinauszuwerfen. Als ich seine Körperverhältnisse sah, hielt ich Diplomatie für notwendig. Ich redete ihm vor, der Patrouillenführer wünschte, dass er herauskomme, er wolle sich mit ihm boxen.

Draußen standen zwanzig Mann bereit, um ihn in Empfang zu nehmen.

»He!«, rief der Milizmann und versuchte es mit einem Probehieb gegen mich. Ich verlor einen Zahn, aber ich hatte die Genugtuung, ihn nach der Wache geschleppt zu sehen. Zweimal mussten wir ihn zu Boden schlagen – er war ein kranker Mann am nächsten Morgen –, aber er trug niemand etwas nach und war tatsächlich ein guter Kerl.

Die Miliz war eine Einkommensquelle für manchen Deptford-Burschen. Einige von ihnen gehörten zu fünf oder gar sechs verschiedenen Milizabteilungen. Kaum hatten sie ihre erste notdürftige Übung bei der einen Abteilung hinter sich, als sie diese auch schon mit ihrer Prämie in der Hand verließen, um sich bei einer anderen Abteilung unter einem falschen Namen einstellen zu lassen. Ein Mann erzählte mir, dass er auf diese Weise 14 verschiedenen Milizbataillonen angehörte.

Ich musste ins Hospital, um nach meinem Zahn sehen zu lassen. Dort sah ich, wie wohnlich das Sanitätspersonal untergebracht war. Gute Betten, trauliche Wohnräume und höhere Löhnung. Auch ein Gemeiner hatte da eine Art gehobene Stellung. Seine Uniform war ein stilles Blau mit roten Aufschlägen; er trug eine runde Mütze mit Sturmriemen mit kavalleriemäßiger Keckheit. Die Sache beschäftigte mich eingehend. Wir Fußlatscher sollten breite rote Streifen an den Hosen bekommen. Diese Neuigkeit brachte uns in Aufregung, aber es kam nichts danach.

Eines Morgens trat ich vor meinen Kompanieoffizier und bat um Überschreibung zum Sanitätspersonal. Das Anliegen wurde mit einer kühlen Schulter aufgenommen, aber das Gesuch wurde weitergereicht – in vierfacher Ausfertigung, wie ich glaube.

Mein Freund, der alte Soldat, war entrüstet und bissig darüber. »Breiumschläge zusammenrühren? Und du überhaupt! Als Abstinenzler! Tot wirst du sein in einem Monat!«

Trotzdem war ich am St. Patrick's Day 1894 auf dem Viereck des Sanitätsdepots in Aldershot angetreten und wurde dort von einem dürren Stabssergeanten herzlich bewillkommnet.

»Das Korps an sich ist nicht schlecht. Aber wir müssen einen Haufen von Deptforder Raubeinen bei uns aufnehmen! Wenn du einen guten Sanitäter abgibst, will ich meine Feldmütze auffressen.«

Später entdeckte ich, dass er eine Pike gegen die West Kents hatte, die sich tatsächlich meist aus Deptford- und Greenwich-Leuten rekrutierten.

Der Dienst beim Sanitätskorps war schwer. Unterrichtsstunden in Anatomie lehrten mich menschliche Wesen von einer neuen Seite kennen. Sie waren nicht mehr Menschen, sondern Fleischstücke mit Knochen darin und mit gewissen Organen, die die liebliche Angewohnheit hatten, bei der geringsten Gelegenheit außer Ordnung zu geraten. Die Disziplin war nicht so streng wie bei den West Kents, aber die Sergeanten, die uns eindrillten, wandten einen größeren Sprachschatz an. Ihr Bildungsniveau war ein höheres, denn es war umfassender. Alle Sanitätssergeanten und die meisten Sanitätskorporale gesellten ihren sonstigen Fertigkeiten noch die Kunst zu, Arzneien zu mischen und zuzubereiten. Sie waren in der »British Pharmacopoeia« und »Sequires-Begleiter« wohlbewandert. Vom Acariagummi bis Zingiber kannten sie die Eigenschaften und Heilmöglichkeiten aller in diesen Verzeichnissen angeführten Drogen.

Einige von ihnen waren Zahntechniker, soweit es das Ziehen von Zähnen anbetraf. Nicht wenige von ihnen waren über das Wissen von Knochen und Organen hinausgelangt und pfuschten in Nerven und Muskeln hinein.

Wir Anatomiezöglinge kamen uns schrecklich wichtig vor, als wir von Wissen zu Wissen schritten. Wir hörten auf, Soldaten zu sein. Wir wurden Wissenschaftler.

Eines Sonnabendmorgens war Zeuginspektion auf dem Kasernenplatz. Ein Mann, der sich verspätet hatte, fand, dass er seine Schuhbürsten nicht gepackt hatte. Er steckte sie vorn unter seine Uniformjacke. Der Oberst kam zu ihm, sah den sich wölbenden Busen des Soldaten und klopfte mit seinem Spazierstöckchen darauf.

»Was haben Sie denn da, Mann?«

Die Antwort ließ nicht auf sich warten.

»Herz, Lunge und Brustschlagader, Herr.«

Als ich meine Klasse verließ, wurde ich zum Krankenhausdienst, Hospital Nr. 2, des North Camp kommandiert. Mit einigen wenigen anderen Kandidaten marschierte ich in mein neues Heim.

Am nächsten Morgen kam ich in Berührung mit einer Krankheit, über die man gehört und die man in einer prüden Weise erörtert hatte. Mir wurde die Aufsicht über einen Saal mit 24 Syphilisfällen übertragen.

Der Gedanke daran machte mich elend. Zu jener Zeit sah man in dieser Krankheit dasselbe, was man früher in der Lepra gesehen hatte. Ein Mensch, der an dieser Krankheit litt, galt als Verbrecher. Es wurde ihm gesagt, aber nicht von den Militärärzten, dass seine Krankheit unheilbar sei.

Wir hatten einen großen, alten Obersten, der eine summarische Rache an einer hochnäsigen Schwester des Cambridge

Hospitals nahm, weil sie das North Camp als »schmutziges Hospital« bezeichnet hatte.

Wir hatten keine Schwestern im North Camp und wurden dieses Umstandes wegen von den übrigen Sanitätsabteilungen beneidet. Die Arbeit war, obwohl sehr anstrengend, interessant. Als ich meinen Ekel überwunden hatte, der mich beim Anfassen der Betten und des Bettzeuges ergriff, und als ich sie nicht mehr mit in Karbonlösung getauchten Fingerspitzen anfasste, als ich ein paar Tote nach dem Leichenhaus gebracht und gelernt hatte, sie zum Zweck der Untersuchung zu sezieren, ohne dass sich der kleine Schuppen um mich zu drehen anfing und ich in meiner Magengrube ein beängstigendes, hohles Gefühl empfand, begann ich, Vergnügen an meiner Aufgabe zu empfinden.

Ich fing an, kleine Gedichte zu ihrem Vergnügen zu verfassen. Einer von ihnen, Bus Ward (er ist nun pensionierter Hauptmann), war ein berühmter Deklamator. Für diesen schrieb ich eine Anzahl Verse auf den Untergang von Admiral Tyrons Flaggschiff.

Es waren keine guten Verse, aber voller Kraft, und die Zeilen skandiert und gereimt. Wir hatten große Sängerfeste in unserer kleinen Kantine und verbotene Glücksspiele – vingt-et-un – unter dem Namen »Ponton« ins Englische und Militärische übertragen; hielten uns, bei mit Decken verdunkelten Fenstern, bis in den Morgen wach.

Einmal gab es einen kleinen Aufstand; ein waghalsiger Jüngling, der sich über den Sergeantmajor zu beklagen hatte, der in der gegenüberliegenden Baracke wohnte, warf ein großes Stück Kohle durch das Fenster, unter dem der Sergeantmajor schlief. Ich glaube, das Stück Kohle fiel auf dessen Magen und der Sergeantmajor war natürlich verärgert. Der Missetäter wurde niemals entdeckt. Nach dem Nordlager wurden alle ansteckenden

Fälle gebracht, und im Lauf der Zeit schlief ich in Sälen oder Zelten zusammen mit Patienten, die an jeder Krankheit, von Krätze bis zu den Pocken, litten. In solchen Fällen wird der Krankenwärter genauso isoliert wie der Patient und keiner darf ihm zu nahekommen.

Ich war erst ein Jahr im North Camp, als ein Vorfall eintrat, der mein Leben tief beeinflusst hat. Zurzeit war ich zu den Schießübungen in Ash abkommandiert und dort ereigneten sich zwei Dinge. Ein Soldat und seine Frau hatten ihre Wohnung nahe bei den Schießständen, und eines regnerischen Abends, als der Sanitätsoffizier vom Dienst weggegangen war, bekam die Frau, die mit ihrem ersten Kind schwanger ging, die Wehen. Eine andere Frau war nicht da. So ließ der Soldat die Frau unter meiner Obhut zurück und ging nach dem Nordlager, um dort einen Doktor zu holen. Ich war bestürzt. Ich beschwor den Wirt einer kleinen Schenke, doch seine Schenkmamsell zu der Frau zu schicken, aber sie weigerte sich.

Der Gastwirt, ein Witwer, meinte, darüber sollte ich mir keine Sorgen machen. Er schleppte ein Buch über Geburtshilfe herbei, in dem schauerliche Illustrationen abgedruckt waren. Dieses nahm ich mit mir, und da die Krise kam, entband ich die Mutter, indem ich bald vom Bett zu dem auf dem Tisch aufgeschlagenen Buch hinlief und bald vom Tisch zum Bett. Der Doktor, ein Zivilist, kam mit dem Ehemann glücklich eine Stunde später an und war tödlich erschrocken.

Drei Tage später waren meine Schläfen grau.

Der Dienst an den Schießständen ließ mir viel Zeit zum Lesen und Schreiben. »Deadwood Dick« fesselte mich nicht länger. Ich begann, mich in den »Niedergang und Sturz des römischen Kaiserreichs« zu vertiefen, und übersprang die langen Worte und den ungeheueren Wust über Wachstum und Entwicklung der christlichen Religion. Ich begann, kleine Lieder zu schreiben. Damals war Arthur Roberts auf der Höhe seines Ruhmes, und frech sandte ich ihm ein lyrisches Gedicht.

»Ne Art von 'ner Sorte von …«, fing es an.

Ich war überrascht, eines Morgens Nachricht von ihm zu erhalten und zu erfahren, dass mein erster literarischer Versuch erfolgreich war. Roberts selber habe ich erst Jahre später getroffen. Als ich das Prince of Wales-Theater besuchte, um Mr. Löwenthal aufzusuchen, gab dieser mir fünf Pfund und eine Menge weiser Ratschläge. Ich glaube, Roberts hat mein Lied jahrelang gesungen – auch bei einer Gelegenheit, wo der verstorbene König Eduard Gast war.

»Biarritz« hieß das Stück, für das mein Lied benötigt wurde. Am dem Tag, an dem ich zur Stadt gehen wollte, um das Stück anzusehen, wurde ich wegen irgendeines militärischen Vergehens zu Kasernenarrest verurteilt. Trotzdem ging ich und blieb fünf Tage fort. Bei meiner Rückkehr wurde ich des Folgenden angeklagt: »Gemeiner Wallace, zu Kasernenarrest verurteilt, verließ die Kaserne und kehrte nicht zurück, bis er von der militärischen Polizei aufgegriffen wurde.«

Das Letztere war glatte Erfindung und wurde ausgestrichen.

Der alte Oberst Cleary stierte mich über seine Brillengläser an.

»Sie werden vier Tage in strengen Arrest mit Zwangsarbeit gehen«, sagte er.

♦

5.

Um zwei Uhr desselben Nachmittags wurde ich in das Militärgefängnis gebracht. Ich war mehr neugierig als in Furcht gesetzt, trotz der dunklen Anspielungen betreffs des Schicksals, das mich erwartete. Hier hatte ich eine neue Erfahrung – Gefängnis ohne den Anstrich des Verbrechens.

Als ich durch das düstere Tor schritt, dachte ich an den armen, jetzt toten Harry und ich war froh, dass ich nicht wegen tätlichen Angriffs auf einen Polizisten hineinspazierte.

Das »Glashaus«, wie das Militärgefängnis scherzhaft genannt wird, war wie jedes Gefängnis, das ich gesehen hatte. Eine große Halle, umgeben von Galerien, die Wände in Zwischenräumen von kleinen schwarzen Türen unterbrochen. Ich erhielt ein Bad, zog mir Sträflingskleider an, die mit den bekannten breiten Pfeilen der Königin versehen waren, und marschierte in die Zelle. Ein nackter Raum mit einer Pritsche zum Schlafen und mit einem lächerlich kleinen Vorrat an Decken. Eine Bibel lag da und das Militärgefängnisgesetz. Die Zelle hatte ein Fenster von undurchsichtigem Glas – hinter Eisenstangen –, um das Tageslicht hereinzulassen und um einen Anteil an einem schwachen Nachtlicht zu haben. Eine Stunde später kam ein Gefangenenaufseher und schnitt mein Haar kurz. Heute passiert so etwas nicht. Der Soldat behält seine eigene Uniform und sein Haar, aber zu jener Zeit hatte es ein Militärgefangener schlimmer als ein Zuchthaussträfling.

Am ersten Tag gab es keine Arbeit. Ich übte mich im Kopfstehen mit der Wand als Unterstützung und erlangte eine ziemliche Fertigkeit. Später hatte ich keine Zeit für gymnastische Übungen. Ich glaube, ich hatte eine dünne, kraftlose Brühe und Kartoffeln zum Tee – und ungesalzene, ungesüßte Hafergrütze;

mein stolzer Magen kehrte sich um. Das Frühstück war eine Wiederholung des »Tees«.

Ein Wärter kam und warf mir ein Stück Tau herein. Man lehrte mich, das Tau zu Werg zu zerzupfen. Um elf Uhr wurde ich aus der Zelle geholt, auf einen Übungshof geführt und dort in eine Art Granatendrill eingeweiht.

Granatendrill ist die verruchteste und herzbrechendste Strafe, die jemals erfunden wurde. Man hat dabei in vier Reihen zu stehen, eine schwere Granate zu seinen Füßen. Auf Kommando hebt man die Granate brusthoch, macht linksum, marschiert vier Schritte und legt die Granate nieder. Man geht zurück und findet die Granate, die der Mann zu seiner Rechten abgelegt hat. Nun hebt man diese auf und macht dieselbe Übung, bis man vier Granaten zur Linken hingelegt hat, dann trägt man diese wieder nach rechts zurück.

Zwei Tage dieser Quälerei ließen mich vollständig zusammenbrechen. Der Garnisonspfarrer, einer der besten Männer der Welt, Ehrwürden V. C. Hordern, sorgte dafür, dass ich von dieser Quälerei befreit wurde. Danach hatte ich Werg zu zupfen. Ein kleiner Streit zwischen mir und dem Wärter machte die Dinge nicht besser. Da ich keine Ahnung hatte, dass das Werg gewogen wurde, ließ ich ein paar Kardeelen vom Tauwerk durch die Öffnungen eines Ventilators verschwinden. Die Sonderstrafe dafür war jedoch nicht zu lästig.

Ich war froh, als meine Strafzeit vorüber war. Ich hatte von Brot, Wasser und Kartoffeln gelebt und verließ das Gefängnis, nachdem meine Neugier vollständig befriedigt war. Ich warf noch einen ordentlichen Blick auf das »Glashaus«, als ich abmarschierte, und kam zu der Erkenntnis, dass der Herr mich niemals zu einem berufsmäßigen Verbrecher geschaffen hatte. Trotz meiner Bestrafung waren

Mannschaft wie Offiziere nett zu mir. Mein eigener vorgesetzter Arzt empfing mich am nächsten Morgen an der Schwelle meines Krankensaals mit einem breiten Lächeln; der Oberst, der mich verurteilt hatte, empfahl mich später als Krankenpfleger zweiter Klasse, was zwei Pence den Tag Zulage für mich bedeutete. Als Mrs. Freeman von meinem Arrest erfuhr, war sie sehr erschrocken. Sie fürchtete, ich sei an den Suff geraten. Das war ihre einzige Erklärung für ein Unglück, das ihre Söhne heimsuchte.

Mein Liederdichten wurde fortgesetzt, aber ich fand keine Abnehmer und meine Begeisterung flaute ab.

Als ich eines Morgens in der Totenkammer war und mich mit einem armen Burschen beschäftigte, der in der vergangenen Nacht gestorben war, kam mein Stubenunteroffizier zu mir.

»Wallace, Sie sind für Auslandsdienst designiert. Sie müssen am Donnerstag zum Depot gehen!«

Das Rätsel war: wohin?

Transporte sollten nach Singapur, Malta, Ägypten, Gibraltar, Hongkong, Bermuda, Jamaika, Neuschottland, Mauritius und nach Südafrika gehen. Ich erfuhr dann, dass ich für das Kap der Guten Hoffnung bestimmt war. Ich ging nach London und sagte den Freemans Lebewohl. Ich habe »Mutter« niemals wiedergesehen. Nur eine Genugtuung wurde mir zuteil. Ich habe dieses gütige Leben vor dem Ende etwas leichter gestalten können. Sie vergaß schließlich ihre eigenen Kinder und erinnerte sich nur noch meiner. George Freeman überlebte sie viele Jahre.

Ich verließ England auf dem »Scot«, der jüngst verlängert worden war, im August 1896. Ein Teil unseres Korps war an Bord und die Unterkunft erträglich. Der »Scot« war keines der stetigsten Schiffe, aber das Wetter war gut und wir erreichten Kapstadt ohne Unannehmlichkeiten.

Der südafrikanische Winter endet im August. Die Nächte sind kalt, aber die abgehärteten Frühblumen beginnen zu erscheinen. Von der See aus, wenn man am Fuße des Tafelberges steht, bietet Kapstadt einen wundervollen Anblick. Ich habe stets Kapstadt und die Halbinsel geliebt. Es gibt keinen Flecken auf Erden wie diese Stadt. Es herrschte noch immer etwas Zweifel über unsere Bestimmung. Ich hoffte, ich würde nach Natal geschickt werden. Es stellte sich aber heraus, dass ich nach Simonstown bestimmt war.

»Sie glücklicher junger Teufel!«, bemerkte einer der Kapstadtleute.

Simonstown war zu jener Zeit der größte Faulenzerplatz der Welt für Sanitätspersonal. Es war die idealste Station – ein Krankenhaus ohne Verpflegung, mit vier Betten; vier vom Sanitätspersonal befanden sich dort, ein Militärarzt, ein Sergeant, ein Wärter und ein Koch. Alle schlimmen Fälle, die Pflege erforderten, wurden sofort nach Wynberg gebracht. Die einzigen Kranken, die, soweit ich mich erinnere, dort behalten wurden, waren ein Verrückter und ein unglücklicher Sergeant, der durch einen Fall vom Fahrrad einen Schädelbruch erlitten hatte und der auch starb.

Der Offizier war ein entzückender Gentleman, der Greenway hieß. Eine ganze Reihe Sergeanten wechselten dort ab, und zu meiner Zeit gab es drei Köche; der bedeutendste unter ihnen war der Gemeine Pinder. Ich hoffe, er ist jetzt Oberst. Pinder war der Proviantmeister und ein sehr sparsamer Mann. Er kaufte niemals mehr Milch zum Tee ein, als gerade für einen einzigen langte. Wir spielten dann »Euchre«, um zu entscheiden, wer von uns die Milch haben sollte. Gewöhnlich gewann er selber. Seine Küche war tadellos sauber. Er hatte etwas von einem Hamster an sich und wirtschaftete so sparsam, dass wir am Ende des Monats gewöhnlich etwas bei dem Proviandhändler guthatten, der uns belieferte. Ob das durch Rabatt erzielt wurde oder einfach durch Schachern, habe ich vergessen.

Wir hatten eine wohlversehene Verbandstation, und in Stunden, wenn ich allein war, versuchte ich beinahe jede vorhandene Arznei an mir. Ich nahm Opium, Morphium, Kokain (das mich krampfartig lachen machte), Chloroform, Äther und indischen Hanf. Morphium hätte mich beinahe getötet. Aber von den anderen Mitteln empfand ich keinen Nachteil. Ich hatte auch kein Verlangen, das Experiment zu wiederholen.

Das Krankenhaus lag am Ende einer langen Eukalyptusallee am Eingang einer kleinen Kluft, wo Paviane während der ganzen Nacht bellten und ein Wasserfall sein ewiges Rauschen hören ließ. Am Ende dieser Allee war die Hauptstraße und das Admiralitätshaus. Und darüber hinaus lag Simons Bay, so blau wie der Himmel, besprenkelt mit weißen Seglern. Und wenn der Frühling kam und der Sommer, dann war die Schlucht ein wahres Schatzkästlein von Aronlilien und Gladiolen, und das Admiralitätshaus war umgeben von dem dunklen Feuer der Bleiwurz. Gärten, wohin man sah, wo Narzissen und Freesia, Heliotrop und Rosen abwechselnd blühten. Geranium wucherte wild in dichten Büschen und es gab ganze Striche voll blühender Nelken.

Man konnte die Felsen hinaufklettern oder die Serpentine an der Vorderseite des Hügels und sehen, wie sich die »False Bay« bis an die blauen Berge erstreckte. Oder man konnte einen Spaziergang über das Plateau unternehmen und genau die Stelle sehen, wo die »Birkenhead« unterging. Es war ein Ort voll von Wundern für mich und gänzlich unerwartet von mir ein Sammelplatz höchst liebenswürdiger Menschen. Unter ihnen seine

Ehrwürden William Shaw Caldecott, der Wesleyanische Kaplan; ein Riese von Mann, bärtig, Autokrat unter den Autokraten, ein Mann von hervorragendem Wissen und Verfasser mehrerer Bücher über die Tempel Hesekiels und Salomons. Mrs. Caldecott war meine literarische Patin und Märchenfee; eine sehr gütige Dame von Charakter und großer Schönheit. Sie war die Tochter Benjamin Helliers, der damals das Landwirtschaftliche Journal für die Regierung herausgab. Ein weißbärtiger, wie der Weihnachtsmann aussehender Gentleman, der stets einen weißen Zylinder trug. Ich entsinne mich seiner als eines Menschen, der niemals ein böses Wort sagte – sogar über Schlangen nicht. Ein Wunder von Gelehrsamkeit und für mich der Maßstab, an dem ich die Güte eines Menschen messe. Marion Caldecott hatte nur kleine Verse und Aufsätze geschrieben, aber sie besaß eine umfassende Kenntnis der schriftstellernden Welt und wusste sie kritisch zu würdigen.

Ihrer Führung verdankte ich die Umgestaltung meines Lebens. Sie eröffnete mir ganz neue Gesichtspunkte, zeigte mir Höhen und gab mir den ersten richtigen Begriff von der gebildeten Edelfrau, wie ich sie in meinen Träumen sah. Wie alt sie damals sein mochte, weiß ich nicht. Ihr Haar war grau und auf dem Weg, ganz weiß zu werden. Sie hatte durchdringende blaue Augen und die schönsten Hände, die ich jemals gesehen habe. Ich wurde dauernder Wesleyaner und nahm ein selbsttätiges Interesse an Religion. Ich sang sogar im Kirchenchor mit.

Viele Ereignisse trugen dazu bei, das Leben nicht einförmig werden zu lassen – wenn es dort eine solche Einförmigkeit gegeben hätte.

Die Beninexpedition nach der Westküste Afrikas unter Admiral Rawson war kurz und wirkungsvoll. In den Einzelheiten jenes kleinen Krieges, die ich meist aus zweiter Hand erfuhr, lag das Samenkorn einer Idee, die mich später zu einer Reihe von Sanders-Büchern befruchtet hat. Ich hatte das einzigartige Erlebnis, einen Dankesbrief von der Admiralität als Anerkennung meiner Fürsorge für die Kranken und Verwundeten zu empfangen. Ich vermute, dass dieser Brief meine Akten beim Kriegsministerium bis auf den heutigen Tag verbrämt.

Neue Bücher kamen mir zur Hand: Maurice Hewlett, Kipling – besonders Kipling. Ich vertiefte mich in ihn. Eines Morgens las ich in der »Cape Times«, dass er seine Ferien in Südafrika verleben wolle. Ich setzte mich hin und schrieb ein »Willkommen« im Kipling-Stil und schickte den Aufsatz der »Cape Times« ein. Ich hörte nichts mehr darüber. Aber an dem Tag, an dem Kipling landete, war der Artikel an einer in die Augen fallenden Stelle gedruckt, und ich wurde nach Kapstadt eingeladen, um mich dem Redakteur Edmund Garrett vorzustellen. Dieser lebhafte Geist war elektrisch bis in die Fingerspitzen, obwohl er sich schon damals in den unerbittlich grausamen Krallen einer Krankheit befand, die ihn zerstörte. Ich sehe ihn noch mit seinem scharfen, knabenhaft anmutenden Gesicht und welligem Haar – einen Mann, dessen Augen vor Leben sprühten und die vor Lebensfreude überquollen. Sein Mut war wahrhaft wunderbar.

Ich sollte Kipling treffen. Der Cityklub wollte ihm zu Ehren ein Essen veranstalten. Ob ich kommen wollte? Ich sagte »Ja«, aber ich war innerlich doch beunruhigt. Ich fragte Mrs. Caldecott um Rat. Würde ich wissen, welche Messer ich zu gebrauchen hätte und welches die richtigen Gabeln wären? Wie viel Weingläser es da gäbe und was für eine Sorte Wein in jedes gehöre? Betreffs der Weingläser schwebte sie selber im Unklaren, aber über das Rätsel, wie ich Messer und Gabel zu gebrauchen hätte, klärte sie mich auf. Ich hatte bereits dasselbe Dilemma durchgemacht, wenn ich mit ihrer Familie speiste, aber da gab es nur einige wenige Gänge. Dieses Cityklub-Essen aber begann mit Hors d'œuvres und endete mit Eis.

Ich ging in den Club, mein inneres Auge stets auf die Unterscheidungsmerkmale der Fischmesser gerichtet. Natürlich war ich in Uniform. Als ich in das Empfangszimmer kam, sprach Kipling gerade mit dem Bürgermeister von Kapstadt. Ich sah einen ziemlich wild dreinblickenden Mann mit einem runden Gesicht. Er hatte eine mächtige Brille auf und kam mir auf halbem Wege entgegen. Lockwood Kipling, sein Vater, empfing mich ebenso herzlich. Ich sagte nichts. Mein Inneres war zu sehr mit Messern und Gabeln beschäftigt. Ich konnte mich nur an dieser neuen Sonne wärmen. Was nun die Weine anbetraf, so stand mein Entschluss fest. Ich trank alle Sorten, die mir angeboten wurden. Ach! Wo waren die edlen Vorsätze hin, die Harry, der Milchmann, verkündet hatte und die »en bloc« von dem feurigsten der Phönixe, der von einem ehemaligen Sekretär der Rose of Kent-Loge zu seinen eigenen gemacht worden waren! – In dieser Nacht langte ich ihn ziemlich beschwipstem Zustande Simonstown an.

Etwas später schrieb Kipling mir von Newlands aus. Er war nicht nach seinem Haus gefahren, das oberhalb Groot Schin von Cecil Rhodes erbaut wurde. Es war ein entzückender Brief in einer sehr leserlichen Handschrift. Ich sollte »mehr Spucke und Politur« auf meine Arbeit verwenden.

Kipling stand in dem Ruf, etwas wie ein Einsiedler zu sein. Journalisten behaupten, es sei schwer, an ihn heranzukommen. Sie vergessen, dass Kipling im Grunde Journalist ist und dass er die Schwächen seiner Berufsbrüder kennt.

Viele Jahre später, als ich Mark Twain gesprochen hatte, verstand ich Kiplings Verhalten besser.

»Ich habe nichts dagegen, interviewt zu werden«, sagte der große Mark, »aber um Gottes willen, setzen Sie meine Worte nicht zwischen Anführungsstriche. Ich könnte niemals so sprechen, wie ein Interviewer mich reden lässt.«

Trotzdem schrie ich und ein Dutzend Berichterstatter nach dieser Unterredung und Mark führte uns nach vorn; wir befanden uns auf dem Schiff, das ihn damals nach England brachte.

Und dort vorn rasselte die lärmendste Dampfwinde, die ich je das Unglück hatte, anhören zu müssen. Mark zog den kleinen Kreis Berichterstatter hinter sich bis an diese rasselnde Höllenmaschine heran. Wir – hörten – nichts!

Meine Aussichten waren selbst mit dem Ansporn zum Ehrgeiz, den Kiplings Worte mir gegeben hatten, keineswegs rosig. Eines Tages besuchte ich Kipling in seinem Bungalow und wir hatten einen langen Schwatz. Ich hatte große Ehrfurcht vor ihm und betrug mich sehr unbeholfen und linkisch. Ich platzte mit einer sehr dummen Frage heraus.

»Was hat man denn für ein Gefühl, wenn man ein großer Schriftsteller ist?«

Er sog an der Pfeife, die er rauchte, und blickte mich finster unter seinen schwarzen Augenbrauen an.

»Ich halte wahrscheinlich etwas weniger von mir, als Sie von sich halten«, erwiderte er ein wenig niederschmetternd.

Ich gestehe, ich empfand in diesem Augenblick nicht, dass ich auf dem Weg zur Größe sei.

Edmund Garrett sagte mir, er würde mehr Verse annehmen; das tat er auch – mit einigen wenigen. Aber Journalismus ...?!

Er schüttelte den Kopf. Er war ein zu höflicher Herr, um auf meine Fehler hinzuweisen. Ich war nichts weiter als ein Cockney-Soldat, ziemlich ungebildet, linkisch und unbeholfen. Zwischen mir und diesem Oxford-Erzeugnis lag ein Golf größer als die Tafelbucht. Ich empfand, dass er sich mich in einer gewissen Rolle, wie sie beim Theater sagen, nicht vorstellen konnte.

Journalismus, sagte er, sei ein sehr anspruchsvoller Beruf, ein sehr schlecht lohnender Beruf.

Ob ich Stenografie lernen solle, fragte ich ihn.

»Um Gottes willen, tun Sie das nicht! Sie werden ein Automat werden, eine Maschine!«

Ich solle lieber beim Versemachen bleiben. Sein Hilfsredakteur hatte jedoch das Hirn eines Zeitungsmenschen. Der meinte, ich könnte interessante Berichte über Simonstowner Stadt- und Bürgerratssitzungen liefern. Ich griff diesen Vorschlag auf. Auch noch ein anderer Ausweg eröffnete sich mir. Ein wunderbarer Kerl – der an Verantwortungsgefühl ärmste Teufel, dem ich jemals begegnet bin –, rief ein Lokalblatt in Simonstown ins Leben. Er sammelte die Anzeigen. Ich begann, lange Prosaartikel für das Blatt zu schreiben. Ich schrieb lange und kurze Artikel über Tagesereignisse. Ich schrieb Leitartikel, die Präsident Kruger anklagten. Gleichzeitig richtete ich ein höhnisch höfliches Ersuchen an das Admiralitätshaus, mich über Schiffsbewegungen auf dem Laufenden zu halten.

Admiralen, die freundschaftlich gehaltene Briefe von gemeinen Soldaten erhalten, ist es zu verzeihen, wenn sie ein wenig Unnahbarkeit zeigen. Eine kurze unverbindliche Antwort kam – eine bissige Antwort.

Ich unterließ eine Woche lang die Angriffe auf Kruger und griff den Admiral an. Innerhalb achtundvierzig Stunden befand ich mich auf dem Weg nach Kapstadt, ein journalistisches Opfer amtlicher Tyrannei. Ich hatte eine Beschränkung des Journalismus entdeckt.

Mein Oberst sprach zu mir sehr ernst, indem er auf gewisse Paragrafen der Dienstordnung hinwies. Mir wurde ein Krankensaal mit dreißig schweren Fällen ausgeschmettert. Das dolce far niente von Simonstown schmolz zu einer traumhaften entzückenden Erinnerung.

Das war die Geburt meines politischen Gewissens. Die innere Politik Englands war mir nicht unbekannt. Es gab zwei Parteien in England – Konservative und Liberale. Wenn die Liberalen regierten, bekam man Home Rule, und wenn die Konservativen ans Ruder kamen, hatte man nicht Home Rule. Hatte ich nicht Mr. Darling, den hervorragenden konservativen Abgeordneten für Deptford, mit Hurras begrüßt? Hatte ich nicht von Mr. Sidney Webb, dem liberalen Grafschaftsrat, in entsprechender Weise gesprochen? Und ebenso von Lord Edmund Fitzmaurice, dem liberalen Kandidaten? Neulich erinnerte ich Lord Darling daran, dass ich der am lautesten schreiende unter seinen Gönnern sei. Es machte aber durchaus keinen Eindruck.

Aber in Südafrika war Politik Lebensfrage, weil sie Rassenfrage war. Auf der einen Seite befand sich der Psalmen singende, Kaffee trinkende Holländer, auf der anderen Seite der unverfälschte Engländer mit seinem unveräußerlichen Recht zu handeln, wie es ihm verdammt beliebte. Gab es da den leichtesten Zweifel, welcher Seite zu sich meine Gefühle neigten?

Ich befand mich unter einer Gewitterwolke. Major Hilliard, der den C. M. G. (Orden von Saint Michel und St. Georg) für seine Pflege des verstorbenen Prinzen Heinrich von Battenberg in dessen letzten Augenblicken erhalten hatte, fragte mich ironisch, ob ich ins Parlament oder mein Examen zum Korporal machen wollte. Vorsichtshalber wählte ich das Letztere. Der magere Zuschuss, den mir das Simonstowner Blatt, Artikelschreiben und

Versemachen gebracht hatte, war abgeschnitten. Ich dachte darüber nach, als ich am Bett eines sterbenden Sergeanten wachte, und entschied mich für einen neuen Plan. In Ost-London, das an der Ostseite der Kap-Kolonie liegt, existierte ein nettes kleines Blatt, die »Ost London Post«.

Ich schrieb an den Herausgeber, sagte ihm, ich wäre der berühmte Edgar Wallace, der so wundervolle Verse in der »Cape Times« schrieb, und bot mich an, ihm eine Wochenplauderei im Stile von Sims' »Senf und Kresse« zu schreiben. Ich wählte das, weil es mir leicht schien. Ich schrieb ihm, ich würde gewandt, frech und möglichst witzig schreiben. Ich nannte es nicht eine »Causerie«, weil ich damals diesem Ausdruck noch nicht begegnet war, und wenn ich ihm damals begegnet wäre, hätte ich dieses Wort kaum richtig zu schreiben vermocht.

Zu meiner Freude nahm er diesen Vorschlag an. Ich sollte sofort damit beginnen, den Artikel zu 30 Schilling; und er hätte keine Einwendung zu machen, wenn ich den Artikel »syndizieren« wolle. Ich verstand diesen Ausdruck damals nicht. Es sollte heißen, den Artikel auch an andere Zeitungen senden. Nachdem ich ein oder zwei Monate für das Blatt geschrieben hatte, erhielt ich einen Auftrag von der »Midlands News« in Cradock und von »Crocotts Penny Post« in Grahamstown. Von diesen Quellen erhielt ich drei Pfund zwölf Schilling die Woche. Der Artikel wurde während meiner Nachtwachen in der Stille des Wärterzimmers geschrieben. Mancher nette Artikel, sprühend von drastischem Humor, wurde durch Zufälle unterbrochen. Einmal musste ich heraus, um einen halbetrunkenen Zivilisten wieder ins Leben zurückzurufen. Der Mann hatte einen Selbstmordversuch am Strand verübt.

♦

6.

Versemachen, selbst Knittelversemachen ist eine vorzügliche Übung für den Schriftsteller. Neulich fiel mir eine alte Exerziervorschrift der Armee in die Hände, die voll von Papierschnitzeln war, auf denen meine Verse standen; Verse in einer krakeligen, jungenhaften Hand geschrieben. Ich hatte mich gar nicht geschämt, das Zeug hinzuschreiben, das mir – jetzt – ein wenig Angst einjagte. Aber angenommen, es wäre mir damals zum Bewusstsein gekommen, wie schrecklich es mir an allem fehlte, wie herzbrechend unheilvoll wäre das damals für mich gewesen! Ich fragte mich, wie viele andere junge Leute den Kram hingeworfen hätten, sobald ihnen die Grenzen ihrer Kraft aufgedämmert wären. Glücklich war ich gewesen in meiner Selbsttäuschung, dass diese meine Gedichte auf dem besten Weg zur Vollkommenheit waren.

Ich wünschte, ich hätte die Blätter aufbewahrt, denen ich meine ersten Artikel in Sims' Stil anvertraut hatte. Sie waren mit großem Fleiß geschrieben und mühevoll verbessert. Manchmal opferte ich eine halbe Stunde, um das richtige Wort zu finden, tauchte sogar bis zu dessen Wurzeln hinab, um eins zu finden, das bis auf die leiseste Schattierung genau das ausdrückte, was ich sagen wollte.

Mrs. Caldecott gab mir ein Buch von Trench über »Das Studium der Worte«, das von ungeheurem Wert für mich war. Trench zog manchmal Schlüsse, die etwas fantastisch waren, aber ich begleitete ihn nur zu gern darin; und wenn auch einiger Zweifel besteht, ob »trivial« von »drei Wegen« – tre-via – abgeleitet ist und von dem Geschwätz, das Müßiggänger zu halten pflegen, die sich an der Kreuzung der drei Wege treffen, jedenfalls gab Trench dieser Auslegung eine warme und menschliche Wichtigkeit. Trench half mir in beträchtlichem Maße, denn ich zwang mich, mein berufliches Werkzeug mit größerer Aufmerksamkeit zu prüfen, als ich das sonst getan haben würde. Er lehrte mich auch, dass die englische Sprache eine wundervolle Erbschaft ist. Er lehrte mich, dass Worte Schlüssel sind, die nur in ihre eigenen Schlösser passen. Eine Lehre, leicht zu begreifen, aber schwer, sie in die Praxis umzusetzen. Mein Wortschatz war ein sehr kleiner. Das entdeckte ich, als ich einen Leitartikel in der »Cape Times« fand, der aus siebenhundert Worten bestand, von denen zwanzig Worte mir völlig unbekannt waren, und der elf Sätze enthielt, die mir absolut nichts sagten. Sechs Monate lang schrieb ich die »Cape Times«-Leitartikel neu, indem ich sie auf mir verständliche Ausdrücke stellte. Das war eine sehr nützliche Übung. Gleichzeitig »verdichtete« ich sie auf vierzig Worte, keins mehr und keins weniger. Und das war die beste Übung von allen. Dasselbe machte ich mit den tiefschürfenden englischen Revuen.

Ein Artikel in der »Quarterly Review« kostete mich drei Wochen, ehe ich ihn begriff, und schloss das Studium von etwa dreißig Abhandlungen in einer alten Enzyklopädie ein, die Mr. Caldecott in seinem Studierzimmer hatte. Am Ende dieser Zeit wäre ich befähigt gewesen, einen Artikel für diese Rundschau über den Staatshaushalt zu schreiben, denn zufällig hatte ich einen Riss in der Beweisführung des Verfassers und einen groben Irrtum in der Praxis entdeckt, auf der er seine Berechnungen aufbaute. Ich entsinne mich, dass ein anderer Aufsatz in dem »Atlantic Monthly« mich zu einem Studium der chinesischen Herrschergeschlechter veranlasste.

Die »Owl«, ein Kapstädter Wochenblatt, nahm wöchentlich ein Gedicht aus meiner Feder, und darauf gab mir dessen größeres Konkurrenzblatt, »The South African Review« einen Dauerauftrag und 36 Zoll politischer Gedichte. Ich entdeckte »Hiawatha«, ein Gedicht, das sich am leichtesten von allen für eine Parodie eignete. Meine Verse und Artikel waren alle gegen Kruger, »Oom Paul«, und die Burghers und die niedergetretenen Uitlanders gerichtet; gegen die Byworners und über ähnliche aufregende Themata. Mein politischer Eifer wuchs. Sir William Butler, der Oberbefehlshaber, ließ mich privatim verständigen, dass es für einen Soldaten ungehörig sei, sich an Politik zu beteiligen.

Ich kam gerade damals aus einem anderen Grund in eine schlimme Lage. Ich hatte die Brust eines an schwerer Bronchitis Erkrankten mit einer Jodlösung zu bepinseln und hatte ein chinesisches Porzellanmuster auf seine Brust gemalt. Es war das Beste, was ich jemals gezeichnet hatte. Der Chefarzt hatte unerwartet seinen Besuch gemacht und hatte wohl meine künstlerische Leistung gesehen, aber nicht bewundert. Dann kam der Vorfall mit dem Bett des Korporals. Der war ein widerlicher Unteroffizier, er kam spät in der Nacht nach Hause und stets ziemlich betrunken. Eines Abends zogen wir sein Bettlaken herunter und gossen zwei Dosen von Lyles goldenem Sirup hinein. Alles, was ich dabei tat, war, dass ich die Sirupdosen öffnete und die Bettlaken wieder in Ordnung brachte. Aber um ein Uhr mitternachts gab es beträchtlichen Radau und noch mehr am nächsten Morgen im Wartezimmer. Glücklicherweise vermochten wir es, uns durch gut ineinandergreifende Schwindeleien reinzuwaschen.

Der Oberst sprach über politische Angelegenheiten wie ein Vater mit mir. Würde es nicht besser sein, ich schiede ganz aus der Armee aus? Ich verdiente zu viel Geld und demoralisierte die Abteilung. Gerüchte von wild durchzechten Nächten bei Bill Scarsons – Bill hatte eine Weinkneipe in der Nähe des Hospitals – waren ihm zu Ohren gekommen.

Ich beantragte meine Entlassung, lieh mir 20 Pfund Sterling von Mrs. Caldecotts Sohn – einem großen Gelehrten, der ebenso großzügig wie klug war – und im Laufe der Zeit erhielt ich meine Entlassung.

War das eine wüste Nacht, nachdem ich entlassen war! Wir hatten ein Konzert und mir wurde ein Stock mit einem vergoldeten Griff überreicht – er war eine vornehme Beigabe zu meinem neuen Anzug. Es war ein sonderbares Gefühl für mich, mich erlöst von dem militärischen Zwang zu finden, ein eigenes Zimmer zu meiner Verfügung zu haben, Menschen, die mich beim Frühstück bedienten, kein Zwang, zu irgendeiner Stunde aufzustehen, und die Freiheit, schlafen zu gehen, wann es mir beliebte.

In der Nacht nach meiner Erlösung spazierte ich bis drei Uhr morgens in Kapstadt umher, lediglich aus Stolz, jetzt meinen eigenen Hausschlüssel gebrauchen zu dürfen. Dann erfuhr ich, dass bis sechs Uhr kein Zug nach Wynberg fuhr; diese Entdeckung verschlug mir nichts.

Aber nun war ich in meinem eigenen Zimmer! Mit einem Fenster, das auf die Berge hinaussah, mit einem großen glatten Tisch und Feder und Tinte und Papier; mit einem großen Wörterbuch, Rogets »Thesaurus«, und einem Zitatenband. Nun besaß ich die ganze Ausrüstung für einen erfolgreichen Schriftsteller.

Ich hatte jetzt Zeit zum Lesen. Ich entsinne mich, ein Buch von Flammarion über Astronomie, Xenophons »Anabasis« und die »Gespräche des Sokrates« durchgearbeitet zu haben.

Aber über die dreizehnte Seite von Motleys »Aufstieg und Niedergang der Niederländischen Republik« hinauszukommen, misslang mir schmählich.

Noch ein anderer verließ damals das Korps. Er sei der Armee müde, sagte er; er hatte eine Stelle an irgendeinem Krankenhaus landeinwärts gefunden.

»Wir kriegen nächstens Krieg und wenn ihr Kerle quer übers ›Veld‹ latscht, dann denkt an mich, wenn ich in Zivil draußen vor meiner Hütte sitze, mit einem Maß Bier vor mir und 'ner dicken Zigarre«, sagte er.

Die Stadt, in die er zog, um dort seine Stellung anzutreten, war – Mafeking. Ich sah ihn einige Tage nach der Entsetzung der Stadt. Als sich die Hauptstraße hinunterritt, gewahrte ich eine Vogelscheuche, die eine Banane aß, und erkannte sie als »den Mann, der ein ruhiges Dasein führen wollte«.

»'raus aus der Armee in einem hohen weißen Kragen und in einem netten grauen Klüftchen! Keine verdammte Reveille mehr; kein: ›Beine zeigen! Wollt ihr wohl? Gottverdammt, einige von euch Kerlen scheinen sich da wohl ausschlafen zu wollen!‹ Keine Paraden, keinen Nachmittagsdienst und kein Zum-Rapportantreten um zehn.«

Ich fand Unterkunft in Wynberg und setzte mich hin, um meine Verbindungen auszudehnen. Jetzt konnte ich nach Herzenslust über Ratssitzungen berichten.

Mr. Rat Smart fragte, wann die Little-Kloof-Road einen weiteren Laternenpfahl erhalten würde. Der Zustand des Weges sei eine Schande für die Bürgerschaft.

Mr. Smith (Gemeindeingenieur) antwortete, die Angelegenheit würde in Erwägung gezogen.

Der Bürgermeister sagte, er hoffe, es würde keine Verbitterung über diese Angelegenheit entstehen (Hört, hört!). Er selber wohne ja in der Little-Kloof-Road und litte darunter so viel wie jeder andere (Hört, hört!).

Ich sandte jetzt Mrs. Freeman jede Woche ein Pfund Sterling, das ich später auf zwei Pfund zehn Schilling erhöhte. Ich fürchtete aber, sie verbrauchte keinen Pfennig davon, sondern sparte alles auf bis zu meiner Rückkehr. Ich schrieb ihr deshalb einen hoheitsvollen Brief, in dem ich sie bat, das Geld alles für sich zu verwenden. Und dass ich bald Tausende von Pfund Sterling mein Eigen nennen würde. Sie schüttelte den Kopf, als sie das vernahm.

»Ich hoffe nur, der Junge unternimmt nichts, was er nicht tun sollte«, sagte sie.

Ich besuchte nun die Galerie des Kap-Parlaments und schrieb in gewöhnlicher Schrift Überblicke über die Verhandlungen. Es war jetzt leicht für mich, zu Menschen in Beziehung zu treten. Ich machte die Bekanntschaft von Cecil Rhodes, einem Mann von großer Gestalt und mit einem roten Gesicht, mit einer sonderbar quäkigen Stimme. Und mit Willie Schreiner und mit dem geheimnisvollen Jan Hoffmann, der, obwohl kein Parlamentsmitglied, der große Drahtzieher der Buren hinter den Kulissen war.

Rhodes' Einfluss war im Sinken begriffen. Durch die Rolle, die er bei der Organisation des Jameson-Beutezuges gespielt hatte, hatte er sich die bitterste Feindschaft der Burenpartei zugezogen. Sobald er nur in die Debatte eingriff, war die Atmosphäre mit Elektrizität geladen. John Merriman, dieser schmächtige Politiker, war seine bête noir und der Wortwechsel herüber und hinüber brachte Dr. Berry, den Vorsitzenden, mit einem scharfen Zuruf auf die Beine.

Ich besuchte Rhodes einmal in Groot Schom. Möglich, dass Kipling mit ihm über mich gesprochen hatte, denn er war sehr freundlich, führte mich in seinen schönen Gartenterrassen herum, aber weigerte sich in jeder Weise, über Politik zu sprechen. Jedenfalls aber äußerte er die Ansicht, dass Joseph Chamberlain der größte Staatsmann sei, den England besäße und fragte mich, ob ich Alfred Harmsworth kenne. Rhodes hatte eine

Lieblingsredensart. Er pflegte, weiterzuschlendern, bis er auf irgendeine Meinungsäußerung stieß, die ihn stutzig machte.

»Das ist ein Gedanke«, pflegte er dann nachdrücklich zu sagen. Er war immer dabei, »Gedanken« vorzutragen, ein Thema zur Erörterung hinzuwerfen. Seine Stimme wechselte zwischen einem Quäken und einem Rasseln; er dachte schneller, als er sprechen konnte. Manchmal pflegte er, jemand nach dem Anfang eines Satzes stehenzulassen und es dem Betreffenden zu überlassen, sich daraus zu machen, was der konnte, während er selbst längst zu einem anderen Gegenstand übergegangen war, um auch von diesem wieder mit einem unvollendeten Satz abzuspringen.

Bei der Eröffnung der südafrikanischen Ausstellung in Grahamstown ging ich dorthin, um eine Nachrichtenagentur zu vertreten. Einen stilleren Ort als Grahamstown gab es nicht. Es liegt zwischen Hügeln eingebettet und ist eine drückend heiße Stadt voll von Kirchen.

Als Sir William Butler, stellvertretender Oberkommissar, mit Gefolge ankam, um die Ausstellung zu eröffnen, rief ein einziger Mann Hurra, und dieser wurde von einem strengen Polizisten zur Ruhe verwiesen.

»Wir wollen hier keinen Radau von der Sorte«, sagte der Polizist. Alfred Milner war Lord Oberkommissar, aber auf Urlaub in England. Butler, ein Freund des Friedens, sah alles auf einen Krieg zutreiben und stieß in seiner Rede eine Warnung aus.

»Südafrika braucht Frieden!«, rief er. Eine Erklärung, die seine Rückberufung nach sich zog.

Ich hörte die Rede mit an und erkannte durch eine besondere Eingebung ihre Bedeutung. Es war fast eine herausfordernde Geste – Milner gegenüber. Mein Bericht war der erste, der Kapstadt erreichte – und England. Es war mein erster »Schlager«.

Milner besaß die Eigenschaft eines glänzenden Advokaten, aber er war kalt bis zur Seelenlosigkeit; er hatte die bewusste Überlegenheit, den Dünkel des Aristokraten an sich. Er sorgte sich um unwichtige Dinge und war unvorsichtig im Glauben an seine Unfehlbarkeit in großen Dingen. Ich glaube, er kam mit der vorgefassten Idee nach Südafrika, dass die Lösung des Problems, das die Burenstaaten boten, nur durch Waffengewalt herbeigeführt werden könne. In diesem Glauben war er bestimmt ehrlich – ich könnte mir Alfred Milner auch gar nicht als hinterlistig und betrügerisch vorstellen.

Meine eigene Stellung damals war ziemlich bequem. Meine wöchentliche Leistung politischer Gedichte hatte die Länge von einer Yard und einer halben erreicht! Ich war ein Gentleman, der nach seinem Gefallen leben konnte; ich hatte zwei Straßenanzüge und einen Frackanzug. Der Letztere war zwar etwas eng, aber doch schön anzusehen. Der Ausdruck »nach seinem Gefallen leben« ist natürlich relativ aufzufassen. Ich hatte mir angewöhnt, früh aufzustehen und früh an die Arbeit zu gehen, und ich arbeitete immer mit größter Eile. Ich las und las und las, indem ich die Stellen anstrich, die ich nicht ganz verstand, und später zu diesen zurückkehrte, um sie zu enträtseln. Mein wesentlichstes Studium war ein Buch über Logik – deduktive und induktive. Ich las es Seite für Seite. Ich hatte es jahrelang. Ich besitze es noch. Und ich verstehe es heute noch nicht.

Um diese Zeit veröffentlichte ich mein erstes Buch – eine Sammlung von Gedichten. Es hieß: »Die misslungene Sendung« und empfing ihren Titel von dem ersten Gedicht, das sich mit dem Jameson-Einfall beschäftigte. Es war broschiert, war im Ort gedruckt worden und wurde für einen Schilling verkauft. Ich besitze davon kein einziges Exemplar mehr und würde gern zehn Schilling für ein solches geben.

Das Leben in Kapstadt war um jene Zeit riesig nett. Ich wohnte am Rande Konstantias, eines Bezirks, den Kipling berühmt gemacht hat. Es war ein Ort mit wunderbaren Höhenzügen, Weingärten und Tannen. Ich wundre mich, warum ich heute nicht dort lebe.

Meine Verse waren nach England gelangt. Der »Daily Chronicle« veröffentlichte einige der besten, der »Spectator« veröffentlichte eins oder zwei. Sie waren – natürlich – kiplingisch, ebenso wie es die Robert Services waren. Jeder jüngere Schriftsteller ahmt irgendjemand nach, bewusst oder unbewusst. Ich war ein offener Nachahmer Kiplings.

Der Südafrikanische Krieg kam unausweichbar. Man sah die Wetterwolke aufziehen und Warnungen waren genug lautgeworden, ehe der Sturm losbrach.

♦

7.

Merkwürdig genug, während meiner Reisen in den östlichen Provinzen hatte ich eine laienhafte Erkundung eines der verhängnisvollsten Schlachtfelder vorgenommen: Stormberg, obwohl ich mir niemals träumen ließ, dass Gatacre oder irgendein anderer General einen Frontalangriff gegen eine solche Stellung wagen würde.

Kapstadt war elektrisiert vom Krieg. Truppentransporte kamen täglich an. Zug auf Zug, beladen mit Geschützen, fuhr die Eisenbahnlinie hinauf in eine Gegend, die mit einem Mal das geheimnisvolle und erschreckende Unbekannte geworden war.

Ich veröffentlichte eine Anzahl Kriegsgedichte in Flugblattform unter Assistenz eines Gentlemans, der eine Schwindsuchtskur anzupreisen wünschte. Er nahm die Rückseite für seine Anzeigen und bezahlte die Hälfte der Druckkosten.

Eines Nachts, als ich nach Wynberg zurückkam, fand ich ein Telegramm vor. Es kam von H. A. Gwynne, dem Hauptberichterstatter und Geschäftsführer von Reuters Büro in Kapstadt. Gwynne ist nun Redakteur der »Morning Post« – ein großer Athlet und ein großer Gentleman. Wieder sollte ich in Berührung mit dem Offizierstyp kommen.

Nach meiner Meinung war Gwynne der ausgezeichnetste Berichterstatter, den der Südafrikanische Krieg hervorbrachte, denn er war nicht nur ein gerissener und verständiger Nachrichtensammler, sondern er hatte auch Sinn für das richtige Maß, das Gwynne zu einer Klasse für sich machte. Er besaß natürlich nicht die lebhafte Schilderungsgabe G. W. Steevens'; aber Steevens war mehr ein Impressionist, mehr Stimmungsmaler als Neuigkeitensammler.

»Möchten Sie nicht für uns an die Front gehen?«, fragte Gwynne. Das Anerbieten erreichte mich in einem Augenblick, als ich mich schon mit dem Gedanken trug, wieder Soldat zu werden. Es war mir zu schrecklich, in Kapstadt zu sitzen und über Dinge zu schreiben, die ich nicht gesehen hatte. Mein Herz war bei meiner früheren Abteilung, die irgendwo um den Orangefluss herum sein musste. Ich griff natürlich mit beiden Händen nach Gwynnes Angebot. Ich sicherte mir einen Berichterstatterpass und verließ Kapstadt in einer schwülen Nacht mit hundert Pfund in der Tasche en route nach De Aar.

Hundert Pfund Sterling! Das dünkte mich ein unermesslicher Schatz. Rothschild konnte nicht reicher sein als ich. Und um das Geld so bald als möglich zu strecken und um dieses ungeheure Kapital beisammenzuhalten, gab ich nur widerstrebend die 20 Pfund aus, die ich für einen Gaul zu bezahlen hatte.

Um die Wahrheit zu sagen, ich verließ Kapstadt in jener Nacht mit einem tiefernsten, fast feierlichen Gefühl im Herzen. Ich zog ins Blaue, ins Düstere, Unbekannte, wo Kampf und Tod und der Lärm des Krieges waltete.

Ich saß und wachte jene monderhellte Nacht durch, während der Zug durch die Hexenflussberge schlich, und fragte mich, ob mich dieser Weg zu einem Anfang führte oder zu einem letzten Ende. Am nächsten Tag dröhnte der Zug weiter quer durch die Weißgluthitze der Karoo, einer Region des Schweigens und der Trostlosigkeit. In jener Nacht erreichten wir De Aar. Anscheinend konnten wir nicht weiter. Zwischen De Aar und Newport war vielleicht die Bahn gesprengt worden oder möglicherweise hatten sich die Schienen gelockert oder eine Unterführung war zusammengebrochen. Was es auch immer sein mochte, es hielt uns jedenfalls bis Tagesanbruch an dieser öden Kreuzung fest.

Gerade als ich von dort abfuhr, stiegen die Garden aus dem Zug, riesige, stumpf dreinblickende Männer, die hier einen Tag oder zwei Tage rasteten, ehe sie sich mit Methuen am Orangefluss vereinigten.

Ich ging nach Naaport weiter, einem unheimlich anmutenden Loch von einem Ort. Dort war die Bahn einem Offizier unterstellt, ein Panzerzug hielt da und einige wenige verdächtige Burenfarmer waren zu sehen.

French hielt eine Linie, die etwas nördlich von diesem Ort lag. Ich fuhr in einem Panzerwagen darauf zu und hörte den ersten Kanonendonner. In Colesberg konnte man wenig erfahren, aber ich lernte dort einen sehr liebenswürdigen Stabsoffizier kennen. Es war ein Kavalleriemajor und ein sehr zuvorkommender Mann – ein Major Douglas Haig.

»Ich fürchte, Sie werden hier nicht auf Ihre Rechnung kommen. Möchten Sie nicht den General sprechen?« Der General empfing mich auf freundlichste Weise. French war klein von Gestalt, eine muntere Seele, obwohl er an diesem Morgen sehr sorgenvoll aussah. Es war ein merkwürdiges Erlebnis, dass ich innerhalb fünf Minuten die beiden Männer sprechen sollte, die später abwechselnd die Armee in Frankreich kommandierten. French, einen Whisky und Soda in der Hand, ein wenig gesprächig; Haig, geduldig, sehr schweigsam und nachdenklich. Und irgendwo in der Ferne ab und zu das Klickklack der Büchsen.

Methuen hielt den Orangefluss und hatte vor, auf Kimberley zu marschieren. Ich kam an der Orangeflussstation an dem Tag an, als er diese verließ. Meine alte Abteilung vom Sanitätskorps befand sich am Orangefluss, ein Haufen sonnenverbannter, bärtiger Männer. Die Hälfte von ihnen hatte sich den Bart stehenlassen und war nicht wiederzuerkennen. Für diese Nacht hatte ich gerade von einem sehr modisch gekleideten Herrn, den ich im Zug traf, eine Einladung zum Diner erhalten. Ich glaube, es war der Graf de la Warr, der Berichterstatter irgendeines Blattes war. Ich benachrichtigte ihn, dass ich dringende Abhaltung hätte und hockte mich mit meinen früheren Kameraden an dem geschwärzten Feldkessel nieder, um mit ihnen ein lukullisches Essen von gekochtem Kaninchen, Huhn und konserviertem Rindfleisch einzunehmen. Es war ein prächtiger Abend, der allerdings durch ein den Orangefluss heraufziehendes, wütendes Gewitter gestört wurde.

Ich war zweiter Korrespondent meines Blattes. Mein Vorgesetzter – ich weiß im Augenblick seinen Namen nicht – befand sich beim Gros der Armee auf der anderen Seite des Flusses, das in diesem Augenblick den Vormarsch auf Kimberley vorbereitete. Ich freue mich zu bemerken, dass die militärischen Autoritäten von meiner untergeordneten Stellung nichts wussten und mir erlaubten, den Fluss nach meinem Belieben zu überschreiten; nicht, weil ich die Absicht hatte, die Arbeit meines Kollegen zu tun, sondern um meine unersättliche Neugier zu befriedigen, die das Haupterfordernis zur Qualifikation eines vollkommenen Berichterstatters ist.

Gwynne selbst kam an, ehe der Vormarsch begonnen hatte. Er war von meiner Arbeit sehr zufriedengestellt, sagte mir aber, es sei notwendig, dass ich am Orangefluss bliebe; nicht nur, um die laufenden Neuigkeiten zu sammeln, sondern als Reserve für ihn selbst.

Nun war nach meiner Meinung der Orangefluss nicht die Front selbst und ich setzte meine Besuche bei der Armee fort, indem ich mich auf einem Zweirad im Land umsah und aufpasste, dass ich meinem Chef nicht in die Hände lief.

Ich kann mich nicht entsinnen, wie oft ich mich damals in jenem gottverlassenen Strich von Niemandsland verirrte. Ich verbrachte zwei Nächte in der Wildnis. Das zweite Mal wurde ich von einer kleinen Abteilung Kap-Rebellen gefangengenommen, die ostwärts treckten, um sich mit Kronje zu vereinigen. Wenn ich den Ausdruck »gefangengenommen« gebrauche, ist das übertrieben. Ich wurde vom Führer dieser Abteilung verhört und man gestattete mir, meines Weges zu gehen. Merkwürdigerweise machte mir diese kleine Abteilung, als sie die einzige Bahnlinie überschritt, die die dünne Verbindungslinie mit Methuens Korps bildete, nicht nur keinen Versuch, die Bahnlinie zu sprengen oder sie auf andere Weise zu zerstören, sondern sie machten tatsächlich Halt, um ein Hindernis zu entfernen, das zufällig auf das Gleis geschwemmt worden war.

Von einem Hügel aus beobachtete ich die Schlacht von Belmont und sah später E. F. Knight, den Berichterstatter der »Morning Post«, mit seinem von einer Gewehrkugel zerschmetterten Arm.

Am Orangefluss hatte ich auch die erste Reiberei mit der Militärzensur.

Ein sonderbares Vorkommnis stieß mir nach der Schlacht am Modderfluss zu. Ich hatte eine Geschichte niedergeschrieben, die ich aus dem Munde eines verwundeten Offiziers erfahren hatte. Darin erwähnte ich den Namen eines Offiziers, der dabei gefallen war. Ich hatte seinen Namen falsch geschrieben (es war ungefähr ein Unterschied wie zwischen Ferguson und Fergesen – nebenher – das sind nicht die richtigen Namen). Der General, ein netter kleiner Herr, der eine ruhige, fast sanfte Art hatte, ließ mich kommen und hielt mir ein kleines Privatissimum.

»Gehen Sie außerordentlich sorgfältig mit Namen um!«, sagte er.

Es war General Wauchope, und als ich ungefähr eine Woche später erfuhr, dass er in dem Augenblick gefallen war, als er die Highland Brigade ins Gefecht führte, wagte ich es nicht, diese Nachricht weiterzugeben, aus Furcht, ich könnte seinen Namen mit einem anderen verwechselt haben, obwohl ich vor allen anderen Berichterstattern in Besitz dieser Nachricht gelangt war.

Inzwischen leistete ich nebenamtlich ein wenig Krankenpflegerdienste. Die Verwundeten vom Modderfluss kamen herein und wurden im Feldhospital von Orangeflusskreuzung untergebracht. Das Sanitätspersonal war spärlich und es war mir vergönnt, ein wenig zu helfen, denn ich war Samariter erster Klasse und Wundpflege mein besonderer Ausbildungszweig. Ich beeile mich hinzuzufügen, dass meine Hilfe bescheiden war, denn das Sanitätspersonal erhielt unmittelbar von De Aar aus Verstärkung. Aber ich machte es möglich, danach von Zelt zu Zelt zu gehen, in denen die Schwerverwundeten lagen, und die Briefe zu schreiben, die sie mir an ihre Angehörigen diktierten.

Der Mut des sterbenden Tommy ist unglaublich. Niemals sah ich eine Träne, niemals vernahm ich eine Klage von diesen Männern, die Abschied vom Leben und von allem, was das Leben bot, nahmen. Sie erfüllen mich auch heute noch mit Bewunderung und Ehrfurcht, wenn ich an ihre Sterbelager zurückdenke. Sie waren keine Übermenschen; sie waren nur eben treu ihrer Kaste.

Bald nach Magersfontein wurde ich zum Orangefluss geschickt und fand mich dort zwischen die Riesen der Zeitungswelt eingekesselt. Julian Ralph war dort, Lionel James von der »Times«, Carl de la Mere, Perceval Landon. Später kam Charles Hardy dazu, Bennet Burleigh, Gwynne und Winston Churchill. George Steevens hatte ich auf der Reise durch Natal getroffen. Er war ein ruhiger, scharf beobachtender Mann, in dem sich auszukennen nicht leicht war. Er machte den Eindruck größter Einfachheit, die über inhaltloses Geschwätz sehr ungeduldig werden konnte. Er hat eine wichtigere Rolle in der Welt gespielt, als er selber oder als sogar sein Freund Alfred Harmsworth jemals geahnt hatte, denn er schuf die Illusion vom unbesiegbaren Kitchener.

Winston habe ich nur gesehen. Ich hatte wohl Gelegenheit, ihn zu sprechen, aber ich hatte beinahe eine Scheu, mit Berühmtheiten zu reden. Er war ein stark gebauter, junger Mann mit rotem Gesicht, der von Leben und Selbstvertrauen überschäumte. Wenn das Gerücht wahr ist, war er schon damals ein Berater der Generäle. Diese würden besser getan haben, wenn sie seinem Rat mehr gefolgt wären, denn ich gehöre zu jenen Leuten, die glauben, dass Winston einen großen Teil des militärischen Genies seines Vorfahren, des ersten Herzogs von Marlborough, besaß. Sein ganzes Leben hindurch hat er auf dem Schlachtfeld eine absolute Nichtachtung seiner eigenen Sicherheit gezeigt. Und ob man mit seiner Politik einverstanden ist oder nicht, seinen persönlichen Mut muss man anerkennen. Er ist ein Mann ohne Furcht.

Bennet Burleigh habe ich niemals ausstehen können. In mir wirkt noch die Erinnerung an grundlose Anschnauzer, die unverzeihlich waren. Er war ein grober, poltriger Mann, sehr fähig in seinem Fach und wie ich glaube, im Grunde seines Herzens doch gütig. Melton Prior, mit dem ich später zusammentraf, war ebenso wie Villiers einer der alten Schule. Er war außerdem etwas von einem Soldaten.

Ich machte die Bekanntschaft Lord Methuens – man nannte ihn »Paul«. Er war der Mann in der Welt, mit dem es sich für einen Ex-Tommy wie mich am leichtesten verstehen ließ. Ich dankte meinem Schöpfer, wenn meine Aufgabe mich während des Krieges mit den Offizieren der Garde in Berührung brachte. Sie haben mich niemals meine gesellschaftlichen Unzulänglichkeiten bewusst werden lassen, und das ist das höchste Kompliment, das ich ihrer guten Erziehung machen kann.

Außer meinen Kabeln nach London hatte ich die Verpflichtung, kurze Artikel zu schreiben, die nach Reuters Hauptbüro in London geschickt und an die Zeitungen verteilt wurden. Meiner scheußlichen Handschrift und sonderbaren Orthografie halber gebrauchte ich die Vorsicht, meine Handschriften an eine Maschinenschreiberin in Kapstadt zu schicken. Diese war ein Mädchen, das sich damit nach Geschäftsstunden in seiner Freizeit etwas Taschengeld verdienen wollte. Als die ersten dieser spärlichen Artikel gedruckt waren, schickte ich die Belegexemplare an fast alle Bekannten, deren ich mich zu entsinnen vermochte. Ich war ungeheuer stolz auf das Erreichte, und drei Exemplare der »Daily News« mit dem Artikel »Von Reuters Spezialkorrespondenten« gingen auch an die Kapstädter Maschinenschreiberin. Ich erklärte ihr nicht, dass andere Zeitungen in ganz England diese Artikel ebenfalls druckten, und diese Unterlassung zeitigte ganz sonderbare Ergebnisse. Denn die späteren Artikel – es waren ihrer nicht viele – wurden, anstatt an Reuter zu gehen, direkt an die »Daily News« gesandt. Alle, außer einer einzigen bemerkenswerten Ausnahme.

Das Erste davon erfuhr ich durch ein Kabel, das ich später in Rhodesia erhielt: »Glänzender Artikel! Fortsetzen! Robinson.«

Soweit ich unterrichtet war, war Robinson Reuters anderer Name, und ich setzte die Sache fort. Erst Monate später stellte ich Sir John Robinsons Persönlichkeit fest. Nach der Schlacht von Magersfontein wurde ich abgeschickt, um mich Sir Frederick

Carrington anzuschließen, der eine Streitmacht durch Rhodesia führte, um Mafeking zu entsetzen. Auf einem winzigen Schiff, das mit Queensland-Buschreitern vollgestopft war, machte ich die mühevolle Reise nach Beira, einem Ort, dessen ich mich wegen seines Sandes und seiner Cocktails erinnere. Beim Sechzig-Meilen-Pfahl, wo sich Schmalspur- und Normalspurbahn treffen, schoss ich meinen ersten Löwen, ehe ich nach Marandellas ging, um Sir Frederick Carringtion aufzusuchen. Dieser war sehr gegen seinen Willen nach Südafrika gekommen, denn er war ein alter Mann und ziemlich gleichgültig. Er hatte sich ein Haus errichtet und suchte anscheinend nach einem vierten Mann zum Bridgespiel. Jedenfalls gingen aber Truppen ab, um sich Plumer anzuschließen, der an der Nordseite Mafekings angriff. Ich reiste bis Salisbury, nahm mir einen Platz in der Überlandkutsche (dem Beförderungsmittel, mit dem mich meine frühe Lektüre von »Deadwood Dick« bekannt gemacht hatte) und begab mich auf den langen und mühevollen »Treck« nach Buluwayo. Ich erreichte Mafeking, als der Pulverdampf von Plumers Angriff gewissermaßen noch in der Luft hing.

Plumer war zu jener Zeit Oberst der Infanterie. Er war ein phlegmatischer Mann, sehr sparsam mit seinen Worten und sehr ruhig in seiner Redeweise. Trotzdem besaß er einen außerordentlich scharfen Sinn für Humor. Er war bei Weitem der beliebteste der »kleinen Befehlshaber«. Baden-Powell war auf dem Sprung, nach Hause zu fahren, und es ist sonderbar, dass ich ihn dort nicht gesehen habe, obwohl ich zwei Tage in Mafeking war. Ich habe ihn auch später niemals in meinem Leben gesprochen.

Ich musste eiligst wieder nach Buluwayo und von dort auf die gleiche mühevolle Weise nach Sailsbury zurück. Es ging damals das Gerücht von einem Aufstand der Eingeborenen. Häuptling

Linchwe an der Nordgrenze des Transvaals war aufsässig geworden. Eine Farm oder zwei waren verbrannt und einige unglückliche Frauen waren ermordet worden oder es war ihnen gar noch Schlimmeres begegnet. Später musste ich mich sogar einer Expedition gegen den Häuptling anschließen, um, eher als Teilnehmer denn als bloßer Zuschauer, der grimmen Rache, die genommen wurde, beizuwohnen.

Anscheinend war es nicht beabsichtigt, dass ich wieder nach Osten gehen sollte, und ich kehrte nach Buluwayo zurück. Ich reiste mit Wigham zusammen, der, glaube ich, im Auftrag der »Morning Post« arbeitete. Später wurde er einer der glänzendsten Redakteure Amerikas. Jahrelang hatte er die Schriftleitung des »Metropolitan Magazine«, eine einzig dastehende Leistung für den englischsten unter den Engländern.

Um diese Zeit war Roberts durch ganz Pretoria vorgedrungen und, amtlich wenigstens, war der Krieg zu Ende. Ich persönlich fühlte mich elend bis ins Innerste. Mrs. Freeman war gestorben und für den Augenblick war mir viel von meiner Lebenslust abhandengekommen. Ich war des Krieges und Südafrikas müde. Ich ging nach Kapstadt und nahm den ersten Dampfer, der nach Europa ging. Erst als ich in London ankam, wurde ich die außerordentliche Arbeit gewahr, die meine Maschinenschreiberin geleistet hatte. Denn sie hatte diese Artikel nicht nur an die »Daily News« geschickt, die ich erst dann zu Gesicht bekam, als ich nach London kam, sondern sie hatte auch eine der Geschichten der »Daily Mail« gesandt. Ich begegnete Douglas Sladen – wie ich in diese literarische Atmosphäre kam, weiß ich nicht –, aber es war Sladen, der mir sagte, er habe einen meiner Artikel in der »Daily Mail« gesehen. Am nächsten Morgen ging ich in das Büro, um die Papiere durchzusehen. Als ich den Artikel fand, schickte ich dem Redakteur meine Karte hinauf, und so begann meine Bekanntschaft mit dem Mann, der mehr als irgendein anderer mein Journalistenglück begründete.

Ich kann mich über diesen Vorfall nur sehr kurz und sehr diskret aussprechen, denn Thomas Marlowe ist einer der wenigen, der von Herzen diese Art von Offenheit scheut. Er hatte schon damals graues Haar, besaß auffallende Augen und eine tiefe, drohende Stimme, die ganze Generationen von Berichterstattern mit Furcht erfüllt hat. Ich sagte ihm, ich ginge nach Kapstadt zurück und dass nach meiner Meinung der Krieg noch ein weiteres Jahr dauern würde. Er beauftragte mich, einige Artikel für sein Blatt zu schreiben. Ich hatte dann nur einige wenige Artikel von Kapstadt aus an ihn gesandt, als ich ein Kabel erhielt, das mich zum Berichterstatter ernannte und mir in allem freie Hand ließ. Ich ging unmittelbar danach an die Front und hatte das Glück, mich einer Abteilung anzuschließen, die in diesem Augenblick im Begriff war, Magersfontein zu verlassen, um Hertzog, den gegenwärtigen Premierminister von Südafrika, aufzusuchen.

Obwohl Hertzogs Truppe größer war als unsere kleine Macht, vermied er beharrlich jeden Zusammenstoß. Wir hatten ein Detachement Australier bei uns (aus der Kolonie Victoria, wenn ich nicht irre), Kitcheners Schützen, ein Bataillon Coldstream Guards und zwei Geschütze der königlichen Feldartillerie.

Der größte Tag war für mich der, als ich einige Herren der irregulären Kavallerie auf einer freiwilligen Patrouille begleitete und das Glück hatte, einen Burenkommandanten zu Fall zu bringen, der, wie ich alle Ursache habe anzunehmen, niemand anders als Hertzog war. Mein Schuss tötete das Pferd, und wahrscheinlich hätte ich den Reiter getötet, aber gerade in dem Augenblick, als ich auf mein Opfer zielte, rief ein großmäuliger

Offizier, was in Deuwels Namen wir da täten. Ich bin nach allem, was wir später darüber erfuhren, sicher, dass der Herr, dem ich das Pferd unter dem Leib erschoss, Hertzog selber war.

♦

8.

Wer wird jemals jene Tage der Märsche und Rückmärsche in strömendem Regen vergessen! Wenn wir auf der Suche nach einem schattenhaften Feind waren, dessen Vorhandensein sich nur durch einen flüchtigen Austausch von Gewehrschüssen kundgab! Wenn wir bei Tagesdämmerung in leise niederrinnendem Regen aufstanden, beim Licht eines hellen Streifens zwischen den Kuppen der Hügel und den regenschweren Wolken! Wer kann den Gestank nassen Holzes, das nicht brennen wollte, vergessen? Den Unterton von Gotteslästerung, der auf den Lippen der Männerreihen beinahe zum Chor anschwoll! Und den Ritt ins Nirgendwohin – nasser Mann auf triefendem Gaul, der Regen in Strichen herunterkommend, das Wasser unaufhörlich vom Rand des Sombreros tropfend! Das Getrampel und Stöhnen der Maulesel, die ihre Bürde über einen Weg schleppten, der aufhörte, ein Weg zu sein, und wahrscheinlich niemals ein Weg war. Wer wird jemals den ewig fußlatschenden Tommy vergessen mit seiner Büchse, Mündung nach unten, über die Schulter gehängt, die Hände tief in den Taschen vergraben und die Pfeife zwischen den Zähnen!

Er allein in der ganzen Kolonne behält seinen Frohsinn. Seine Stimme erhebt sich zu einem atonalen Geheul, wenn er die Melodie von Volksliedern mordet. Tote Maulesel und tote Pferde an den Wegseiten; eine Drift durch einen geschwollenen Fluss. Und so ins Lager, müde und zerschlagen! Und was für ein Lager! Wasserdichte Decken, zusammengeknotet, um die Leute zu schützen; winzige Zelte, kaum ebenso dienlich für die Offiziere! Aber in zehn Minuten, nachdem das Lager erreicht ist, ist Mr. Atkins (Gemeiner Soldat) so lustig wie je. Die Feuer brennen, denn jeder Tommy in der Kompanie trägt ein trockenes Scheit. Manchmal, wenn wir den Pfad eines kleinen Zuges kreuzten, der vor uns von der Seite her vorübergetreckt war, stießen wir auf Spuren kleiner Schlachten, die heute vergessen sind.

Einmal, als ich, um den Weg abzukürzen, querfeldein ritt, stieß ich auf das, was von einem britischen Soldaten übrig war, und machte Halt, um ihn zu begraben. Es ist ein Kommentar unserer Zivilisation, dass ich mir das Gebetbuch von meinem farbigen Maultertreiber leihen musste, ehe ich den Totengottesdienst über dem erbarmungswürdigen Toten lesen konnte.

Einmal stieß ich auf ein Burenmädchen, das vollkommen nackt über das »Veld« ging. Es war schwierig, mit ihr zu verhandeln, denn sie war wahnsinnig. Sie erzählte auf Holländisch eine Geschichte, dass sie von englischen Soldaten gemisshandelt und nackt ausgezogen worden sei. Aber der Burenfarmer, zu dem ich sie führte, sagte mir, dass dieses nackte Herumwandern eine alte und verrückte Gewohnheit ihrerseits sei. Ich brachte die Nacht auf der Farm zu, und am Morgen berichtete mir der Farmer, dass das Mädchen sich in der Nacht aufgehangen habe. Er erzählte mir das ganz ruhig beim Frühstück und bat mich, mein Frühstück zu unterbrechen, hineinzugehen und sie mir mal anzusehen. Sie hing noch da, als ich hereintrat, und, wunderbar genug, sie war noch am Leben. Sie lebte, als ich die Farm verließ. Als ich das nächste Mal an die Farm kam, war diese niedergebrannt. Ich glaube, der Mann war ein der Kap-Regierung ergebener Mann. Und das Hertzog-Kommando war vorübergezogen. Und Hertzog war ein schrecklicher Kerl den zur englischen Sache haltenden Buren gegenüber.

Ich erinnere mich dieser langen Streifen auf der Suche nach einem unsichtbaren Feind um eines charakteristischen Zuges des britischen Soldaten willen, den ich gerne nicht in Vergessenheit geraten lassen möchte. Wenn man unter seinem Schutzzelt schlief und in der Mitte der Nacht einen Chorgesang hörte, dann konnte man sicher sein, dass es regnete und dass die nassen Männer, die draußen im Freien schliefen, das unfreundliche Wetter auf ihre gewohnte Weise begrüßten.

Der Soldat murrt, weil es ein Teil britischen Wesens ist, zu murren. Er knurrt und erträgt. Und wenn er die Armee verlässt, schimpft er noch, und aus gutem Grund. Und die Leute starren erschrocken auf diese ungewöhnliche Erscheinung und bilden sich ein, eine neue Menschenrasse, oberflächlich mit dem Etikett »Revolutionär« und »Kommunist« versehen, sei über Nacht aufgeschossen. Sie denken gar nicht daran, dass das nur ein Tommy ist, aber ohne die Uniform, der sein Recht in Anspruch nimmt, gegen Korporale und Sergeanten (sehr selten gegen die Offiziere) loszuwettern, die sein Leben unerträglicher machen, als er für notwendig hält.

Ich wünsche, diese Tatsache den Gemütern einzuschärfen: Es ist der Unteroffizier des Lebens, der verletzt und gegen den man Groll hegt: die Vorarbeiter und Aufseher; die beschränkten Leute mit engem Horizont und ohne Weitblick; die kleinen Zwischenträger, die die Gewohnheit zu tyrannisieren angenommen haben; diese sind es, die den Sand zwischen den Maschinen der Industrie darstellen. Manchmal sind diese auf Seiten der Eigentümer und machen den Leuten unter ihnen das Leben zur Hölle. Manchmal sind sie auffällig gegen die höhere Leitung, aber stets ist ihr Ziel die Macht. Sie sind immer bereit, die Parole von der einen oder anderen Seite zu empfangen, solange sie selbst dadurch nur an Macht gewinnen. Wenn sie das Kunststück der Redekunst lernen, werden sie Führer auf der einen oder anderen Seite; nicht, weil sie die Erfordernisse zur Führerschaft besitzen, sondern weil sie angenehm stimmbegabt sind.

Diese Erscheinung ist auch nicht auf eine Klasse beschränkt. In jeder Phase und Periode unserer politischen Geschichte ist Redekunst für Staatsmannskunst hingenommen worden, und mancher Mann ist wegen keiner anderer Eigenschaften zur Regierung großer Staatseinrichtungen emporgestiegen als um seiner Befähigung zu Witz und klangvollem Redeschwall willen.

Was für prächtige Männer die Coldstreamer waren! Henniker, stark und genial; Marker, der vollkommene Typ eines gescheiten Soldaten; der kleine Monk, damals ein Subalternoffizier; Critchton, John Campbell, der heute ein Regiment kommandiert und das Victoriakreuz erhielt, weil er die Garden mithilfe eines Jagdhorns gesammelt hatte. Claude Willoughby, Crook, Lawless, der Doktor der Garden, Powell, der Feldartillerist – die hellsten Erinnerungen an den Krieg.

Es gibt andere Erinnerungen daran; sonderbare und düstere. Scheepers zum Beispiel. Scheepers war ein Kap-Rebell, vom Kriegsgericht zum Tode verurteilt. Ich zweifle, ob er erschossen worden wäre. Unglücklicherweise inszenierte ein Burenfreund im Haus der Gemeinen eine geharnischte Debatte. Ehe noch die Agitation voll im Gange war, war von London eine Botschaft nach Pretoria gesandt worden. In derselben Nacht erhielt Henniker ein Telegramm, das charakteristisch kurz lautete: »Erschießt Scheepers. K.«

Man ging in seine Zelle, weckte den Rebellenführer und teilte ihm sein Schicksal mit. Am nächsten Morgen wurde er durch eine Abteilung Garde erschossen. Damit würde die Sache ein Ende gehabt haben, aber die Behörden erfuhren, dass gewisse Kreise den genauen Ort suchten, auf dem Scheepers begraben lag. Ein Versuch wurde gemacht, zwei Soldaten, die an der Erschießung teilgenommen hatten, zu bestechen, damit sie den Ort angaben. In dieser Nacht wurde Scheepers aus seinem frischen

Grab ausgegraben, auf eine Kap-Karre geladen und nach einer Talsenkung der wilden Hügel gebracht, um dort von Neuem begraben zu werden. Über dem mutmaßlichen Grab dieses durchaus nicht bewundernswerten Führers von Kap-Plünderern, ist, wie ich glaube, ein Denkmal errichtet worden. Es befindet sich jedoch keine Leiche unter diesem Denkmal.

Eine andere Nacht, die ich nicht vergessen werde, verbrachte ich in einer Stadt im Innern. Ein Farmer des Ortes hatte sich den Rebellen angeschlossen, war während eines Gefechts gefangengenommen und vom Kriegsgericht zum Tode durch den Galgen verurteilt worden. Der Mann, dessen traurige Aufgabe es war, die Hinrichtung zu vollstrecken, kam mit dem schauerlichen Apparat an, stellte ihn im Hof des Ortsgefängnisses auf und verbrachte den übrigen Nachmittag damit, sich zu betrinken. Er hatte, wie ich glaube, Angst, ermordet zu werden. Um Mitternacht wachte ich durch einen fürchterlichen Schrei auf und entdeckte, dass mein Freund, der Henker, das dem meinen am nächsten liegende Hotelzimmer innehatte und dass er sich im heftigsten Stadium des Delirium Tremens befand. Mit Hilfe eines Kollegen des Lokalblattes brachten wir ihn ins Bett, fesselten ihn dort und behandelten den tobenden, halb wahnsinnigen Henker mit Eis und nasskalten Schwämmen. Ihn quälten sehr hässliche Erinnerungen und er erzählte uns eingehend darüber. Meinem Kollegen wurde buchstäblich schlecht dabei. Schließlich gelang es uns, den Henker zum Schlafen zu bringen, und er stand auf, ein wenig unsicher zwar, aber sonst ganz normal, um seine hässliche Aufgabe auszuführen.

Das wurde als eine sinnlose Hinrichtung dargestellt; ebenso die von Scheepers und die Füsilierung von fünf Männern aus De Aar wegen Entgleisenlassen von Zügen. Aber man muss sich erinnern, dass wir eine ungeheuer lange Verbindungslinie hatten. Das Land, durch das die Bahn ging, war im Allgemeinen mit Leuten bevölkert, die mit den Buren sympathisierten. Ohne diese Beispiele würde Anarchie geherrscht haben. Wenn wir Fehler begingen, dann war es nach der Seite der Milde hin. Und beim Statuieren von Exempeln duldet häufig der am wenigsten Schuldige für die Schuld seiner Anführer.

Bald nach dieser unangenehmen Affäre sollte ich Kitchener zum ersten Mal begegnen. Ich hatte ihn oft genug gesehen und ich kannte alle die Gerüchte, die über ihn im Umlauf waren, dass er bei Roberts in Ungnade gefallen war.

Roberts war für mich eine Art Held, und zweifellos war er ein prächtiger Soldat und ein brillanter Stratege.

Kitchener wurde ich durch ein Mitglied seines Stabes vorgestellt, während sein Zug in Elandslaagte hielt.

Meine erste Empfindung war die der Enttäuschung. Kitchener war ein sehr stark aussehender Mann mit einem wenig einnehmenden, ja fast abstoßenden Gesicht. Er schielte mit einem Auge ein wenig und sein Wesen war bei dieser Verlegenheit etwas barsch und hochfahrend. Man konnte den Tommy verstehen, der ihn Gottes jüngeren Bruder Alf (Alfred) nannte. Und dennoch war Kitchener in Wirklichkeit eine sehr sanfte, freundliche und einfache Seele. Er war fast schüchtern und der Grenzen seiner Fähigkeiten bewusster, als das jemand, außer seinen besten Freunden, wusste. Es mag fantastisch scheinen, aber ich werde immer behaupten, dass G. W. Steevens Kitchener verdarb, als er in einer Reihe glänzender Artikel, die später unter dem Titel »Mit Kitchener nach Khartum« veröffentlicht wurden, ein so seltsames Bild von Kitchener entwarf.

Steevens stellte ihn als einen eiskalten Mann dar, der in Blut watete – der sich als Araber verkleidete, um hinter die Geheimnisse des Feindes zu kommen; als einen Mann ohne Mitleid, hartherzig bis zur Erbarmungslosigkeit und unerbittlich. Ich habe den Eindruck, als ob Kitchener den größten Teil seines Lebens darauf verwandte, diesem Bild nachzuleben, und dass seine Wildheit, sein bäurisches Wesen, seine Unnahbarkeit der Einschätzung eines anderen Mannes zuzuschreiben war, die Kitchener nur allzu willig als richtig angenommen hatte.

Er hatte seinen Plan, den Krieg zu beenden, zur Ausführung gebracht: die Schaffung einer großen Linie von Blockhäusern, um den Feind zu zwingen, sich innerhalb gewisser Grenzen aufzuhalten. Zum Schutz der Bahnlinien erwiesen sich diese Blockhäuser als ausgezeichnet, aber als Mittel, den Krieg zu einem schnellen Ende zu bringen, versagten sie vollständig. Nichts war leichter, als nachts durch diese Blockhauslinien zu brechen, wie die Buren von Zeit zu Zeit immer wieder bewiesen.

Das erste Mal kam ich mit Kitchener in Konflikt, als es sich um das Erschießen der britischen Verwundeten bei Vlakfontein handelte. Dort hatte ein kleines Gefecht stattgefunden; unsere Leute waren zurückgetrieben worden und es war erwiesen, dass eine Anzahl Buren das Gefechtsgelände abstreiften und die verwundeten Tommys erschossen. Ich hatte diese Nachricht aus bester Quelle und brachte sie nach Hause. Dieses Telegramm wurde, wie ich nachträglich entdeckte, von der Zensur vernichtet. Glücklicherweise schickte ich zur selben Zeit einen langen, handgeschriebenen Bericht an die »Daily Mail«, in dem ich dieses Vorkommnis beschrieb. Mein Bericht wurde veröffentlicht und veranlasste eine große Aufregung. Im Parlament wurden Fragen gestellt, und da die Regierung von Lord Kitchener keine Nachricht hierüber erhalten hatte, wurde meine Geschichte als Erfindung hingestellt.

Der Unterstaatssekretär des Krieges war damals Lord Stanley, der augenblickliche Lord Derby, ein Mann, für den ich die höchste

Wertschätzung und Verehrung empfinde. Stanley konnte nur antworten, dass die Regierung keine Informationen über den Sachverhalt erhalten habe, und konnte nur die Untersuchung des Falles und die verdiente Bestrafung des Berichterstatters versprechen, der auf so unverantwortliche Weise die Gefühle der Hinterbliebenen der Gefallenen gefoltert hatte.

Kitchener hatte anscheinend keinen Bericht über den meinem Bericht zugrunde liegenden Vorfall abgeschickt. Tatsächlich hatte er, bis die Regierung an ihn kabelte, keine Einzelheiten über diese schändliche Handlung der Buren mitgeteilt, die Louis Botha in sehr treffenden Worten verdammte. Aber Kitchener war des Krieges sehr müde geworden und eifrigst bemüht, ihn rasch zu Ende zu bringen. Er war daher auf das Eifrigste darauf bedacht, dass die Stimmung zu Hause nicht noch mehr gegen seinen Feind entflammt würde. Wie ich weiß, war er bereit, den Buren unmittelbar nach Friedensschluss ein nicht geringes Maß von Selbstregierung zu lassen. Einige Zeit später sagte mir Milner nicht ohne Bitterkeit, Lord Kitchener habe einen ganz ungerechtfertigten Gebrauch von der Presse gemacht, um seine eigenen Absichten zu fördern. Augenblicklich bestand dieser ungerechtfertigte Gebrauch, den Kitchener von der Presse machte, darin, dass er Nachrichten über tatsächliche Vorkommnisse ableugnete. Unter dem Druck der heimischen Regierung gab er indessen zu, dass mein Bericht inhaltlich genau sei. Inzwischen war er sehr verärgert über mich geworden und ich erhielt einen unmittelbaren Wink von der Zensur in Johannesburg, dass meine Anwesenheit in der Goldstadt unerwünscht sei und dass ich am besten täte, nach Kapstadt zu geben. Ich ging also dorthin in Gesellschaft zweier munterer junger Kerle von Offizieren, entdeckte aber erst, als der Zug in Kapstadt einlief, dass jene zu meiner Begleitung beauftragt waren. Ich verlebte drei Tage in Kapstadt und ging nach Johannesburg zurück, und um diese Zeit kam die Wahrheit zutage.

Ich hielt es für das Beste, mit Kitchener zu sprechen, und ging zu diesem Zweck nach Pretoria, aber er wollte mich nicht sehen. Ich wollte ihn auch wegen einer anderen Angelegenheit sprechen. Als Entschuldigung für die Zensur hatte er erklärt, dass die Buren ihre sämtlichen Nachrichten aus den englischen Zeitungen schöpften und dass er bei den Verhandlungen mit Louis Botha die letzten Ausgaben sämtlicher englischer Blätter in Bothas Lager vorgefunden habe. Als diese Nachricht nach Hause gekabelt wurde, verursachte das eine kleine Sensation. Ich glaube, es war Gwynne, der ihn dieser Erklärung halber angriff. Gwynne stieß auf kühles Leugnen, er, K., habe niemals etwas Derartiges gesagt. Später behauptete er, das einzige Blatt, das die Buren gehabt hätten, sei die Zeitung gewesen, für die ich schrieb. Ich hatte niemals Gelegenheit, diese Angelegenheit mit K. zu erörtern, und als wir uns in der Folge unter mehr oder minder freundlichen Verhältnissen trafen, hielt ich es für eine Taktlosigkeit, diesen Gegenstand zu berühren.

Der Krieg trieb seinem Ende zu; die Buren hatten es dick, Jahr um Jahr von ihren Farmern fortzubleiben, und Friedensverhandlungen hatten begonnen. Ich erfuhr, dass die Briten und die Buren sich in Vereenigen an den Ufern des Transvaalflusses treffen sollten, und beförderte diese Nachricht in einem kurzen Telegramm. Der Zensor berief mich nach seinem Amtszimmer, begrüßte mich mit einem milden Lächeln und gab mir mein Telegramm wieder.

»O nein«, sagte er munter, »es dürfen keinerlei Nachrichten über die Verhandlungen durchgehen.«

»Warum nicht?«, fragte ich betroffen, denn ich dachte, dass Kitchener der Erste sein würde, der eine so frohe Nachricht veröffentlicht zu sehen wünschte.

»Befehl Kitcheners«, antwortete der Zensor.

Auf dem Rückweg nach meinem Hotel grübelte ich der Sache nach. Ich hatte die Bekanntschaft eines sehr netten Menschen gemacht, des Finanzmannes Freeman-Cohen, der eine von seinem Bruder Caesar geleitete Filiale in London besaß.

Harry Freeman-Cohen war ein kleiner Mann, der das Gesicht eines Juden besaß, wie man ihn in Lustspielen auf der Bühne darzustellen pflegt, aber ich habe niemals einen geraderen, saubereren, ehrlicheren Mann in meinem Leben kennengelernt. Ich zähle seine Freundschaft zu den glücklichsten Bekanntschaften, die ich in Südafrika gemacht habe. Mein Erstes war ein Telegramm, das ich mit seiner Hilfe seinem Bruder sandte. Dieses Telegramm lautete: »Nimm irgendwelche Botschaft, die an dich gelangt, zum Carmeliterhaus.« Dieses Telegramm passierte die Zensur.

Mein nächster Schritt war, meine Nachricht in Codeworte umzustellen. Dieses Telegramm lautete: »Friedensverhandlungen begonnen. Burenvertreter sind in Pretoria. Milner dorthin gegangen, um Verhandlungsbasis zu sichern.«

Ich zerriss dieses Telegramm und schrieb stattdessen:

»Betreff Paxfontein-Minen alle zum Vertrag Nötigen jetzt in Pretoria, wohin Alfred gegangen, niedrigsten Preis zu erzielen.«

Auf diese verschleierte Weise war es mir möglich, Tag für Tag den Fortschritt der Friedensverhandlungen zu telegrafieren. Diese hatten kaum begonnen, als Kitchener mich zu meinem Erstaunen telegrafisch einlud, zum Frühstück hinüberzukommen. Ich erwartete, einen Tritt in den Hosenboden für irgendeine journalistische Büberei zu erhalten. Ich befürchtete tatsächlich, dass Kitchener hinter meinen Code gekommen sei. Ich war daher angenehm überrascht, von ihm als alter Freund begrüßt zu werden. Ich kam zum Frühstück zu spät und unsere Aussprache erfolgte in seinem kleinen Arbeitszimmer und unter vier Augen. Hier erklärte er, was er beabsichtigte.

»Ihre Zeitung hat einen großen Einfluss in England, nicht wahr?«

Ich antwortete, sie besäße einen ungeheueren Einfluss, ich wüsste darüber aber nichts Näheres.

»Nun wohl, Wallace, ich möchte Sie um etwas bitten. Können Sie Ihrem Blatt nicht schreiben, es solle betreffs der Zugeständnisse an die Buren die folgende Richtschnur innehalten?«

Er zählte dann eine Anzahl dieser Zugeständnisse auf; bei einigen davon erlaubte ich mir, Zweifel zu äußern.

»Das kann ich natürlich nicht als einen Tatsachenbericht kabeln«, erklärte ich ihm, und wir kamen überein, sein Ansinnen in die Form eines Leitartikels zu kleiden. Wir setzten uns dann beide hin und bauten einen Leitartikel für die »Daily Mail« (der, wie ich glaube, aber niemals veröffentlicht wurde), der die Notwendigkeit betonte, fein säuberlich mit den Buren zu verfahren und ihnen innerhalb einiger Jahre Selbstregierung zu versprechen (ein Versprechen, das Campbell Bannermans Antrag vorausging) und den Kap-Rebellen eine allgemeine Amnestie zu gewähren. Noch ein paar andere Punkte wurden darin erwähnt, die, wie ich wusste, irgendwelchen Friedensbedingungen zwischen der südafrikanischen Republik und dem britischen Gouvernement einverleibt werden mussten.

Das Telegramm ging ab; zwei Tage später schrieben wir einen anderen Leitartikel; aber anscheinend hatte die Nachricht, dass unser erster Leitartikel nicht in der »Mail« erschienen war, alles weitere Vertrauen abgeschnitten; denn es wurde nicht wieder nach mir geschickt.

Ich nahm meine unterirdischen Botschaften wieder auf. Kitchener hatte mir sagen lassen, wenn er mich erwischt, dann würde es Skandal geben. Er brauchte mir das nicht erst zu sagen.

»Aber ich möchte betonen, dass es ebenfalls Skandal geben wird, wenn ich meine Nachrichten nicht nach England durchbekomme«, erklärte ich dem Zensor.

In das streng bewachte Lager einzudringen, in dem die Friedensverhandlungen stattfanden, war natürlich unmöglich. Ein ältlicher Berichterstatter versuchte das zwar, aber seine Vermummung würde nicht einmal einen Liebhaberdetektiv getäuscht haben, und der Herr wurde sehr unzeremoniös hinausbefördert.

Zum Glück für mich war da ein ehemaliger guter Kamerad von mir im Lager. Ein Tommy, mit dem ich zusammen gedient hatte; mit diesem vereinbarte ich eine Reihe Signale. Er sollte drei Taschentücher als Signalflaggen gebrauchen: ein rotes, ein weißes und ein blaues. Die Bahn ging in Sicht des Lagers vorbei. Jeden Morgen fuhr ich mit der Bahn zum Vaalfluss hinunter und mit dem nächsten Zug wieder zurück und spähte nach dem Lager, um ein Signal zu sehen. Rot sollte heißen: »Es geht nichts vor«, blau »Fortschritte«, und das weiße Taschentuch sollte bedeuten, dass der Friedensvertrag tatsächlich unterzeichnet worden war. Ich weiß nicht, wie viele Fahrten ich auf dieser verteufelten Bahn gemacht habe, aber nicht einmal wurde das rote Taschentuch entfaltet.

Eines Morgens, als ich schon das Gerücht verbreitete, die Verhandlungen seien abgebrochen, sah ich meinen Freund am Ende der Zeltreihen auffallend lebhaft mit dem weißen Taschentuch winken. Ich wartete erst gar nicht meine Rückfahrt nach

Pretoria ab, sondern sandte stattdessen ein Telegramm von Germiston aus.

»Vertrag abgeschlossen.«

Ich habe erwähnt, dass Kitchener wusste, ich beförderte Nachrichten vermittels eines Codes, aber auf welche Weise ich sie durchbekam, entdeckte er zu spät.

Im Laufe dieser langen Verhandlungen hatte ich ein oder zwei Reisen die ganze Bahnlinie auf und ab gemacht, eine sogar bis nach Kapstadt hin, damit kein Verdacht auf mich fallen sollte. Zu meinem Unglück schickte ich von Beaufort West aus ein Telegramm, in dem ich einzelne Entwicklungsstadien der Friedenskonferenz aufzählte. Meine Worte waren aber so unvorsichtig gewählt, dass ein Mann an meiner Seite, der selbst darauf wartete, ein Telegramm aufzugeben, das Meinige las, seine Wichtigkeit vermutete und Kitchener davon benachrichtigte. Der Name meines Vertreters war General »Smuts«.

Einer von Lord Kitcheners Stab behauptete nachher, ich hätte Kitchener mein Wort gegeben, dass ich die Zensurvorschriften nicht überschreiten würde; in Wirklichkeit habe ich niemals ein solches Versprechen abgegeben. Ich war vor den schrecklichen Folgen gewarnt worden, die das weitere Absenden von Nachrichten, die die Zensur nicht passiert hätten, für mich haben würde. Aber die erste Pflicht eines Berichterstatters innerhalb der Grenzen von Ehre und Anstand ist die Pflicht seinem Blatt gegenüber; sein Blatt ist das Schiff, für das er bereit ist, jedes Opfer zu bringen. Woche auf Woche veröffentlichte die »Daily Mail« Einzelheiten über die Verhandlungen und ich wurde mehr und mehr ein Gegenstand des Misstrauens. Bennet Burleigh beklagte sich beim Hauptquartier, ich müsse Nachrichten durch irgendwelche verborgenen Kanäle erhalten, aber ich glaube, dass er der einzige Berichterstatter war, der diesen Schritt unternahm.

Die »Daily Mail« war beschuldigt worden, ihre Nachrichten auf ungehörige Weise vom Kolonialamt zu erhalten. Als dieses Blatt mit der Geschichte herauskam, auf welche Weise ich die Nachrichten durchgeschmuggelt hatte, erhielt ich meine große Strafe. Ich wurde der Reihe nach erst von Kitchener geschnitten, dann vom Stabschef, vom Zensor und schließlich von jedem, ausgenommen von meinem Blatt. Aber für mich war der Krieg zu Ende und neue Perspektiven eröffneten sich mir.

♦

9.

An dem Tag, an dem amtlich der Friede erklärt worden war, während die Kirchenglocken läuteten und die Gotteshäuser voll von dankerfüllten Transvaaler Bürgern waren, trat Freeman-Cohen in mein Zimmer in »Heath's Hotel«, eine dicke Zigarre zwischen den Zähnen und mit lustigem Augenzwinkern. Er war den ganzen Morgen geritten und sein Pferd war noch an der Hoteltüre angebunden.

»Ich habe die ›Standard & Diggers' News‹ gekauft«, sagte er. Das war das bedeutendste Blatt von Transvaal und hatte vor dem Krieg von der Kruger-Regierung Unterstützungsgelder empfangen. »Ich wünsche, dass Sie die Redaktion übernehmen. Ich gebe Ihnen 1.500 Pfund Sterling das Jahr und einen Anteil am Gewinn«, fuhr er fort.

Um die Situation richtig zu würdigen, muss man sich erinnern, dass ich niemals in dem Redaktionsbüro einer Zeitung gewesen war, außer, um meine unsterbliche Prosa über Bürgerratssitzungen einzureichen. Aber ich befand mich in einem Alter, in dem alle Dinge leicht erscheinen. Ich nahm die Stellung an, suchte das Redaktionspersonal aus und gründete eine neue Zeitung, die »Rand Daily Mail«, die heute eine der größten Zeitungen Südafrikas ist.

Diese neun Monate Dienst bei der »Rand Daily Mail« waren fieberhafte Monate für mich. Ich war immer am Lernen, aber hauptsächlich entdeckte ich meine eigenen Mängel. Und doch war es ein glänzendes Blatt, außergewöhnlich gesteuert, aber volkstümlich vom ersten Augenblick an. Wir hatten einen Konkurrenten im »Transvaal Leader«, ein Loyalistenblatt, das unter Krugers Regierung gegründet wurde. Im Laufe der Zeit – nicht zu meiner jedoch – brachten wir es um. Dann hatten wir noch ein Abendblatt, den »Star«, gegen uns. Es war ein Bergaufgefecht während der ganzen Zeit, als ich Schriftleiter war. Wir waren wirksam beteiligt an der Lebensrettung einer Anzahl Tommys, die während eines Kasernenaufruhrs am St. Patrick's Day zum Tode verurteilt worden waren. Und wir forderten Milner heraus und erhielten eine Anzahl Fußtritte von ihm.

Lord Milner war ein Gentleman mit einem eigenartigen Temperament. Unmenschlich in vieler Hinsicht. Man hätte sich ihn sehr gut als lebenslänglichen Chef eines großen Regierungsressorts denken können, denn Milner war das Ideal eines Zivilbeamten. Er war sich seiner Überlegenheit über gewöhnliche Menschenkinder sehr bewusst. Ich wünsche nicht, ihm damit zu nahezutreten. Er hat viele nette Sachen gemacht, viel Freundliches und Menschliches getan. Die Leute, die unter ihm arbeiteten, gingen für ihn durchs Feuer. Er war ehrlich wie die Sonne, aber er war der geeignetste Mann in der Welt, aus einer Mücke einen Elefanten zu machen.

Sein schlimmster Fehler war, dass er sich über kleine Dinge aufregte, die ein Durchschnittsmensch kaum beachtet haben würde, und er war so empfindlich gegen Kritik, dass man, ohne eine Ahnung von seiner Vergangenheit zu haben, darauf hätte wetten können, dass er ein Journalist gewesen sei, der Leitartikel schrieb.

In seiner kleinen Reiberei mit der »Rand Daily Mail« lag keine persönliche Spitze.

Wir hatten einen Berichterstatter in Lorenço Marques, der uns das Gerücht meldete, das Britische Gouvernement würde diese Stadt von Portugal kaufen, um sie als Stapelplatz für Transvaal zu benutzen. Das war, wenn es auf Wahrheit beruhte, eine sensationelle Neuigkeit, und das kurze Kabel wurde einem fantasiebegabten Künstler zur Erweiterung übergeben. Wir brachten die Nachricht in einer Aufsehen erregenden Spalte mit großen fettgedruckten Buchstaben heraus, in der wir die bevorstehende Abtretung von Lorenço Marques an das Britische Gouvernement ankündigten.

Die Nachricht wurde sofort und in heftigster Sprache von Milner widerrufen.

Wir waren eine junge Zeitung, und das war ein Schlag ins Auge, der uns dauernd gekennzeichnet haben würde, wenn wir nicht schnell etwas dagegen taten. Eine glänzende Idee packte mich. Ich ließ die ganze Spalte in tadelloses Portugiesisch übersetzen. Am nächsten Morgen brachte ich Milners Widerruf und fügte hinzu: »Indem wir selbstverständlich die Erklärung Seiner Exzellenz aufnehmen, dass die britische Regierung einen solchen Erwerb nicht beabsichtigt, können wir nur den Bericht unseres Korrespondenten abdrucken und bitten unsere Leser, sich ihre eigene Meinung darüber zu bilden.«

Hieran schloss sich eine Dreiviertelspalte tadellosesten Portugiesisch an, von dem ich überzeugt bin, dass nicht einer unter 20.000 Lesern es verstehen konnte.

Bald nach dieser kleinen Episode hatte ich einen Streit mit Freeman-Cohen über eine rein persönliche Angelegenheit und ich legte mein Amt als Schriftleiter nieder. Er hatte recht und ich unrecht, aber ich war damals ein wenig zu dickköpfig und etwas zu eingenommen von meiner eigenen Unfehlbarkeit. Ehe jedoch meine Kündigung ablief, kam Joseph Chamberlain nach Johannesburg und ich hatte Gelegenheit, mich mit diesem hervorragenden Mann zu unterhalten. Wenn Milner ein schlechter »Mischer« war, so war Joe der beste »Mischer«, der jemals auf der vordersten Bank gesessen hat. Seine Offenheit war bestürzend.

»Milner ist viel zu empfindlich«, bemerkte er betreffs eines Vorfalles, der sich zwei Abende vorher ereignet hatte.

Pretoria gab Joe ein Festessen und Milner nahm selbstverständlich daran teil. Im Laufe der verschiedenen Reden erhob sich so ein Farmer und gab seinem Bedauern Ausdruck, dass Lord Milner nicht häufiger nach Pretoria käme. Es bedurfte nur dieser kleinen Anspielung, um Milner lichterloh aufflammen zu lassen. Anstatt seine Rede zu halten, die er bereitet hatte, ließ er eine Rechtfertigung vom Stapel, warum er Pretoria mied.

»Er ist sehr empfindlich. Ich wünschte, er wäre es nicht«, bemerkte Chamberlain.

Ich fragte ihn etwas betreffs der Politik, die die Regierung verfolge, und ob diese sich infolge einer allgemeinen Wahl ändern würde.

»Wenn es zu Wahlen kommt«, antwortete Chamberlain lächelnd, »werden die Konservativen wiederkommen. Darüber gibt es keinen Zweifel. Ich bin ein unfehlbarer Beurteiler der Wahlen. Ich habe mich niemals geirrt.«

In jener Zeit konnte er noch nicht beabsichtigt haben, die Tarifereform zu einer Streitfrage zu machen, denn bei der großen Wahl, die nach unserer Unterhaltung folgte, wurden die Konservativen in die Versenkung getrieben und Campbell-Bannerman kam ans Ruder und gab den Buren alles, was Kitchener ihnen versprochen hatte – und das mit Recht.

In jenen Tagen hatte das Leben in Johannesburg seinen besonderen Reiz. Es erwachte langsam aus dem staubigen Schlaf, in den es während des Krieges versunken war. Die Minen fingen an, wieder zu arbeiten, und jeder hatte Geld.

Ich hatte nun eine Stellung. Ich war Schriftleiter eines Blattes, das versprach – und dieses Versprechen hat es glänzend gehalten – die wichtigste Zeitung Johannesburgs zu werden. Mein Gehalt betrug – oberflächlich gerechnet, 2.000 Pfund Sterling das Jahr. Ich hatte Zutritt zu jedem Kreis der Gesellschaft, die es überhaupt in Johannesburg gab – es war die großartigste Zeit meines Lebens.

Die ganze Welt gab sich in Johannesburg ein Stelldichein. Männer und Frauen, deren Namen auf aller Lippen waren, kamen und gingen. Baden-Powell organisierte eine südafrikanische Polizeimacht. Das Einzige, dessen ich mich darüber entsinne, war, dass deren Mitglieder grüne Halstücher trugen und dass Baden-Powell das Modell zu deren Uniform von der Ausrüstung der Boy-Scouts, der Pfadfinder, entlieh. Große Schauspieler und Schauspielerinnen traten auf der Johannesburger Bühne auf, und wohl erinnere ich mich jenes traurigen Sonntags, an dem Edward Terry, John le Hay, Leonard Rayne und ich die sterblichen Überreste Kate Vaughans unter einem Sandsturm zu ihrer letzten Ruhestätte trugen.

Johannesburg dachte an nichts anderes und sprach von nichts anderem als von Geld. Von Aktien, die stiegen oder fielen. Von Bohrungen auf neuen Feldern, von Versuchen, die fabelhafte Ergebnisse hatten. Mit den Besten warf ich mich ins Meer der Spekulation, verdiente in einer Woche 12.000 Pfund Sterling und verlor 20.000 Pfund Sterling zwischen elf Uhr vormittags und ein Uhr nachmittags.

Es gab auch andere Abenteuer.

Eines Tages trat eine Dame, die eine kleine Rolle in einer Operette spielte und die von meinem Theaterkritiker einen Tadel erhalten hatte, mit einer großen Peitsche in mein Zimmer und erklärte mir, sie werde mich so verhauen, dass kaum ein Fünkchen Leben in mir übrig bleiben solle. Es war eine sehr missliche Situation, die aber durch rechtzeitig angewandte Brutalität gerettet wurde.

Ich antwortete ihr, dass ich noch niemals von einer Frau geschlagen worden sei, und ich könnte ihr nicht genau voraussagen, was ich tun würde, aber ich sei mir ziemlich klar darüber, dass ich ihr zunächst einmal ein Auge blauschlagen würde. Später nahm ich sie mit mir zum Frühstück.

Eines Tages kam ein Mann in mein Büro, der irgendwo draußen im Bushveld eine Diamantenmine entdeckt hatte. Er wollte sie mit einer Million Pfund Sterling flottmachen und beanspruchte zehn Seiten der »Rand Daily Mail«, um seinen Prospekt zu veröffentlichen. Er bot mir 500 Pfund Sterling für die Seite – in Aktien dieser Mine. Ich machte ihn sehr höflich darauf aufmerksam, dass auch wir im Erdgeschoss eine Druckmaschine hätten und ebenso gut wie irgendein anderer Drucker Anteilscheine drucken lassen könnten.

Noch eine andere Erinnerung aus jenen aufregenden Tagen: Es gab dort ein Mitglied der Aristokratie – ich will seinen Namen nicht nennen –, einen wohlerzogenen, zuvorkommenden, in jeder Weise bezaubernde Gentleman. Während des Krieges war er Offizier eines Eliteregiments; ich hatte damals seine Bekanntschaft gemacht. Nachdem der Krieg vorbei war, ließ er sich in Johannesburg nieder, um seinem Vermögen etwas aufzuhelfen. Ich traf ihn eines Tages beim Rennen. Er erzählte mir, er habe einen Haufen Aktien, die im Augenblick 2.000 Pfund das Stück wert seien und die, wie er mir versicherte, eines Tages 10.000 Pfund Sterling das Stück wert sein würden. Es waren Anteilscheine einer Goldmine am Ostrand und es bestanden bereits damals Zweifel, ob dort Gold in abbaufähiger Menge vorhanden sei. Die Aktien dieser Mine sanken und sanken. Und eines Abends, als er in seinem Salon saß, bat er ein junges Mädchen, das sich unter seinen Besuchern befand und eine Virtuosin auf dem Klavier war, ihm den »Totenmarsch aus Saul« zu spielen. Er hörte zu, bis sie geendet hatte, dann ging er zu ihr, schüttelte ihr dankend die Hand, begab sich auf sein Zimmer und – erschoss sich. Welch ein seltsamer, wahnsinniger, verhängnisvoller Ort war

Johannesburg um jene Zeit mit seinen in einer Nacht zu Millionären gewordenen Menschen, seiner grenzenlosen Gastfreundschaft und mit seinem überquellenden Glauben an schnellen und leichten Erwerb von Reichtümern!

Ich ließ ein Stück meines Herzens und auch etwas von meinem Menschenglauben in der »Goldenen Stadt«, als ich im Zug nach Kapstadt ihren Staub von meinen Füßen schüttelte und an Bord eines nach der Heimat bestimmten Dampfers ging. Ich hatte gerade noch 80 Pfund Sterling in der Tasche, von denen ich das meiste im Pokerspiel verlor.

Ich langte in London mit drei Schillingen an; viel weniger, als ich als gewöhnlicher Tommy besessen hatte, als ich sechs Jahre früher mit dem »Scot« die Heimat verließ.

Zwei Dinge sind es, auf die es im Leben ankommt. Das eine ist Gesundheit: die eigene und die Gesundheit derer, die man liebt. Und das andere ist Selbstvertrauen. Es gibt wenige Tage in meinem Leben, an denen ich nicht morgens aufwache, um Gott dafür zu danken, dass ich lebe, und an denen ich mich nicht sofort auf die nächste Zeitung stürze, um zu entdecken, was in der Welt vor sich gegangen ist, während ich schlief. Alle diese wundervollen Geschehnisse, von der Öffnung des Parlaments durch den König an bis zu Mrs. Jones, die wegen Sucht und Liederlichkeit bestraft wird, bringen mir eine Botschaft, die richtig zu deuten Jahre in Anspruch nehmen möge, die sich aber mit der Zeit zu einem goldenen Fünkchen von Wissen verdichtet. Geld – ist wirklich durchaus nicht so überaus wichtig. Im schlimmsten Fall kann man irgendetwas ergreifen und Geld verdienen.

Drei Schillinge sind eine sehr kleine Summe, um ein Leben neu zu beginnen. Aber an jenem Sonnabend hatte ich das Glück, Marlowe im Büro der »Daily Mail« zu treffen. Marlowe war sehr freundlich und schickte mich zu John Cowley, dem Geschäftsführer, der in anderer Weise nett zu mir war, und ich ging im Besitz einer Anstellung und mit 60 Pfund in der Tasche von Tallas Street fort. An diesem Abend begegnete mir einer jener sonderbaren Zufälle, den ich niemals vergessen werde.

Ich hatte mich damals mehr im Ärger als besorgt von Kitchener getrennt. Mein Name war in den amtlichen Berichten heruntergerissen, meine Auszeichnungen mir meiner Vergehen gegen die Zensur halber genommen worden. Ich glaube, ich hatte eine ziemlich vorurteilslose Ansicht über Kitcheners eigentümliches Temperament. In dieser Nacht ging ich ins Gaiety Theater und wusste nicht, dass Kitchener dort war. In einer Pause zwischen den Akten schlenderte er in die Vorhalle, wo ein Haufen junger Burschen rauchend herumsaß.

Sofort sprangen sie auf und ich wunderte mich, was der Anlass dazu sein könne; ich dachte ja gar nicht daran, dass Kitchener ein großer Held war und dass diese jungen Leute ihm ihre Verehrung bezeugten. Ich sah mich um und gewahrte den großen Burschen, und im ersten Impuls wollte ich auch aufstehen. Aber mein zweiter Gedanke war, sehr ruhig sitzen zu bleiben und zu tun, als ob es in der Welt einen Menschen wie Kitchener von Khartum nicht gäbe.

Er sah sich mit seinen schläfrigen Augen im Raum um, dann blieben diese auf mir haften. Darauf kam er zu meinem Erstaunen zu mir herüber und natürlich stand ich dann auf und schüttelte die gebotene Hand. Wäre ich mit den anderen aufgestanden, hätte er mich als Dreck behandelt.

Ich habe im vorigen Absatz auf die Empfindlichkeit Milners hingewiesen. Ich befand mich einige Wochen zu Hause, als ich aufgefordert wurde, einen Artikel über ihn zu schreiben, und in einer Dreiviertelstunde ließ ich durchblicken, dass er die Zeit seiner Nützlichkeit überlebt habe und dass es sowohl für Südafrika wie für Milners eigenen Ruf sehr gut wäre, wenn er abberufen würde. Anscheinend wurde dieser Artikel nach dem Kap gekabelt, denn wieder stolperte Milner über die Kritik.

Er sollte bei einem Fest Preise verteilen, aber anstatt die Ansprache zu halten, die die Gelegenheit erfordert hätte, erging er sich in seiner verbitterten Ausdrucksweise über meinen unglücklichen Artikel.

Ich kann um alles in der Welt nicht verstehen, warum ein Mann in seiner Stellung sich um das kümmerte, was ein kleiner Dreischillingjournalist über ihn schrieb. Ich bin davon befriedigt, dass mein Vorschlag gut war, und bald danach trat er von seiner Stellung als Oberkommissar zurück und fuhr nach England. Wahrscheinlich war das bereits ins Auge gefasst. Aber warum sich dann um kleine Leute kümmern?

Ich richtete diese Frage an Lord Northcliffe (Alfred Harmsworth, wie er damals hieß) und er duckte mich.

»Sie, Wallace, sind klein, aber die ›Daily Mail‹ ist groß«, antwortete er ernst.

Ich hielt es nicht für den geeigneten Augenblick, ihn daran zu erinnern, dass Milner nicht die »Daily Mail«, sondern mich erwähnt hatte.

Ich war nun ein Berichterstatter und, sonderbar genug, ein Berichterstatter im eigentlichen Sinn war ich nie gewesen. Es ist richtig, dass ein Kriegskorrespondent eine Sonderart Berichterstatter ist. Ebenso zutreffend ist es, dass ich in meiner Lehrzeit Stimmungsbilder, charakteristisch für Ratssitzungen, hingeworfen hatte. Aber nun war ich hier in Fleet Street heruntergefallen, ein Anfänger zwischen lauter Fachleuten, und es wurde von mir erwartet, sicher und wirksam mit jeder Art Unruhe fertigzuwerden. Denn Neuigkeiten sind Unruhe. Kein Mensch will einschläfernde Dinge lesen. Major Armstrong mag ein Mittelpunkt gesellschaftlichen Lebens sein, er mag Gutes und zum Glück seiner Mitgeschöpfe beitragen. Aber bis er sein Weib vergiftete und einen Rechtsanwalt zu vergiften suchte, hatte er keinen Zeitungswert.

Glücklicherweise übertrug mir Marlowe die »Sternaufagben«. Das heißt, die Geschichten, die völlig ihr eigenes Material lieferten und die nur eine gewisse Verschönerung in der Ausarbeitung erforderten. Von Kurzschrift hatte ich keine Ahnung und als Interviewer wäre ich, wenn ich nicht ein so ausgezeichnetes Gedächtnis gehabt hätte, ein hoffnungsloser Misserfolg gewesen. Denn ich besaß die fatale Gabe, interessant zu unterhalten, und gewöhnlich hatte ich meinem Opfer in einer halben Stunde keine Gelegenheit gegeben, eine einzige seiner Ansichten zu äußern, während ich dagegen deren viele vorgebracht hatte.

Einmal versuchte ich, einen Gelehrten zu interviewen – ich glaube, es war Ray Lankester –, und am Ende einer Stunde lebhafter Unterhaltung sagte er mit einem Anflug von Humor, für den er bekannt war: »In der Tat sehr interessant – soll ich nun einmal reden?«

Ich glaube, es muss hauptsächlich Nervosität gewesen sein, die mich so geschwätzig machte. Einmal nach den großen Wahlen wurde Sir William Grantham sehr abfällig wegen der Art kritisiert, mit der er die Verhandlungen über gewisse Wahlvergehen leitete, und ich wurde nach Morpeth geschickt, um festzustellen, ob er beabsichtigte, von seinem Amt zurückzutreten. Der alte Richter empfing mich mit größter Zuvorkommenheit. Und nachdem er meine Ansichten über den Krieg in Südafrika, die europäische Lage, das neue Marineprogramm, den Genius Alfred Harmsworths und die ungeheuere Überlegenheit der von mir vertretenen Zeitung über alle anderen Blätter angehört hatte, bemerkte Sir William ein wenig gelangweilt: »Soviel ich entnehmen kann, sind Sie hierhergekommen, um herauszubekommen, ob ich beabsichtige, zurückzutreten. Ich trete nicht zurück.«

Bei dieser Gelegenheit sah ich beim Newcastler Schwurgericht ein großes Vieh von einem Kerl mit einem roten Gesicht, der in einer eingeübten Haltung von Gleichgültigkeit seinen Ellenbogen auf die Brüstung, seine andere Hand leicht auf seine Hüfte gestützt, mit einem gewissen Vergnügen dem schrecklichsten Bericht über Vergewaltigung zuhörte, der jemals in einem Gerichtshof erstattet wurde. Das unglückliche Mädchen wurde im Verlauf seiner Erzählung zweimal ohnmächtig; die Geschichte konnte einen ganz elend fühlen machen. Als die Beweise aufgenommen waren und die Geschworenen das »Schuldig« ausgesprochen hatten, bewahrte der Mann noch immer seine elegante Gleichgültigkeit, und sogar als Grantham ihn in den vernichtendsten Ausdrücken anredete und ihm sagte, dass er ihn zu sieben Jahren Zwangsarbeit verurteilte, lächelte der Gefangene noch. Und dann erhob sich im Publikum ein untersetztes Weib, das Gesicht von Tränen überströmt, wandte sich der Anklagebank zu und jammerte: »Oh, Bill, Oh, Bill!«

Sie war die Frau des Gefangenen, und die Wirkung dieser Unterbrechung war blitzartig. Das Gesicht des Gefangenen übergoss sich mit Purpur, seine Halsadern schwollen vor Wut, und indem er seine Faust gegen sein unglückliches Weib schüttelte, zischte er: »Was soll das heißen, hierherzukommen und mich – zu blamieren!«

Meine Erfahrungen als Gerichtsreporter brachten mir große Menschenkenntnis ein, die mir sehr von Nutzen war. Und ach, ich habe diesen entrüsteten Gefangenen in vielerlei Verkleidung gesehen, denn Eitelkeit steckte hinter vier Fünfteln der Morde, über die ich zu berichten hatte. Bald nach meiner Rückkehr nach London fing ich an, ein wirkliches und verständiges Interesse an der Menschheit zu nehmen. Tatsächlich beabsichtigte ich zu jener Zeit, ein monumentales Werk zusammenzutragen, das den Titel haben sollte: »Motive und Gebärden«. Dieses Buch wurde niemals geschrieben, obwohl ich seinerzeit ein riesiges Material gesammelt und die Bedeutung von 500 menschlichen Stellungen und Gesichtsausdrücken festgestellt hatte. Ich habe ganze Tage damit verbracht, Menschen zu beobachten, wie sie dastanden und ihre Hände und Füße bewegten, sodass ich schon, wenn ich sie nur von Weitem sah, beinahe in Worten wiedergeben konnte, was sie dachten, fühlten oder sagten. Eines Tages wird ein gescheiterer Mann als ich diese Aufgabe übernehmen, denn die Sprache des Ausdrucks und der Geste ist in der ganzen Welt dieselbe.

Ein kleines englisches Kind von zwei oder drei Jahren z. B. gebraucht die gleichen Gesten wie ein gleichaltriges Kind eines der ursprünglichen Stämme Afrikas; und ein Mann, der einem anderen sagt, dass er schlecht behandelt worden sei und dass er diese Ungerechtigkeit nicht länger erdulden wolle, bewegt seine Hände, seinen Kopf, seine Füße und beugt seinen Körper in einem ähnlichen Winkel, gleichgültig, ob er ein Mitglied der Londoner Effektenbehörde ist oder ein N'Gombikrieger.

Mantegazza schrieb eine sehr mangelhafte Abhandlung über diesen Gegenstand; mangelhaft deshalb, weil es ihm mehr darauf ankam, die Leute zu verspotten, die früher darüber geschrieben hatten, als eigene Beobachtungen hinzuzufügen, die etwas Neues darüber gebracht hätten.

Ich glaube, ich war der erste Berichterstatter, dem es auffiel, dass, wenn die Geschworenen in den Gerichtssaal zurückkommen, um ein »Schuldig« gegen einen Mörder auszusprechen, sie den Gefangenen niemals dabei ansehen. Einmal verlor ich zwei Minuten bei einer Mordsache mit der Feststellung dieser Tatsache. Und ich frage mich, wie viele Ärzte einen Mann mit epileptischer Veranlagung aufgrund der eigentümlichen Gestalt seines Kinnes feststellen können. Ich persönlich habe keinen Epileptiker mit einem normalen Kinn kennengelernt.

Und warum werden Menschen mit einer hohen Stirn und tiefliegenden Augen so früh kahl?

Ich sprach mit Kennedy Jones über dieses Buch und er schien sehr interessiert, bis ich ihm eine Probebeschreibung eines anormalen Gesichtes brachte und er eine solche auffallende Ähnlichkeit mit einem im öffentlichen Leben stehenden Mann fand, den wir beide kannten; dass Kennedy Jones an meiner Aufrichtigkeit zweifelte und ich durch seine Anulkerei vergrämt wurde. Der fragliche Mann beging Selbstmord durch eine Überdosis Veronal. Er griff dazu, um einer sehr verhängnisvollen Anklage zu entgehen, und obwohl der Totenbeschauer sein Urteil dahin abgab, dass der Tod ein Unglücksfall sei, war es doch zweifellos Selbstmord.

♦

10.

In jenen Tagen gab es drei Gewaltige im Carmeliterhaus. Der Erste von diesen war Alfred. Ich werde niemals den Tag vergessen, an dem ich ihm zum ersten Mal begegnete. Die Umgebung dieses Zusammentreffens war einzig. Es war in seinem schönen, salonähnlichen Privatkontor im ersten Stock. Man denke sich einen langen, vornehm ausgestatteten Raum, den ich voll ehrfurchtsvoller Scheu anstarrte. Dazu die mit poliertem Holz bekleideten Wände, die gedämpften Lampen, die Empiremöbel, die Statue Napoleons des Ersten und das Pastellbild von Mrs. Alfred Harmsworth auf einer Staffelei. Und in dieser Umgebung empfing mich ein jugendlicher, etwas plump aussehender Mann mit einem glatten Gesicht und ein paar forschenden Augen darin; mit hellem Haar, das über seine Stirn heruntergekämmt war, und mit einer schimmernden Krawatte. Kleine, lebendige Einzelheiten machen das Bild vollständig.

Er sprach sehr schnell, ernst und überzeugend. Man fühlte, ihm zu widersprechen, hieß Jupiters Blitze auf sich herabbeschwören. Er war gern bereit zu lachen und hatte einen Zauber an sich, der nicht beschrieben werden kann. Der Chef bleibt für mich eine fast heilige Person. In den Tagen seiner einschneidenden Änderung, als Krankheit ihn in den Klauen hatte und er dem Tod zuglitt, habe ich ihn nicht gekannt. Ich glaube wohl, dass er dann hart sein konnte, sogar zu seinen besten Freunden, ein Tyrann, der auf niemand Rücksicht nahm.

Aber ich kannte den gesunden Mann, den liebenswerten »Mr. Alfred«, der großmütig bis zur Übertreibung war. Mich hat er einmal vor meinem Ruin gerettet; ein Dienst, der ihm niemals vergessen werden soll.

Der Zweite des Triumvirates war »Mr. Harold«, ein größerer schlanker Herr von Offizierstyp. Gerissen, ein wenig misstrauisch, voll spöttischen Humors, aus stetigerem Stoff als Alfred. Er dachte langsamer und sah weiter. Damals war er noch nicht der Viscount Rothermere, aber man gab zu, dass er das Finanzgenie des Hauses Harmsworth war. Viel von seiner Arbeit lag auf der geschäftlichen Seite. Man sah ihn niemals bei den Konferenzen der Schriftleitung. Man hörte ihn selten einen Vorschlag äußern. Aber er war eine Macht, und er und George Sutton (heute Sir George Sutton, Präsident der fusionierten Presse) waren hauptsächlich verantwortlich für den Aufbau des Riesengeschäftes, das Northcliffe und sein Bruder gründeten.

Der Dritte im Trio war »K. J.«; Kennedy Jones hatte die Harmsworths veranlasst, sich auf die Tageszeitungen zu werfen. Er hatte sie überredet, die »Evening News« zu erwerben, die er als Wrack eines ursprünglich guten Unternehmens in eine gutlohnende Anlage verwandelt hatte. Er hatte die Richtung der »Daily Mail« angegeben. Als ich nach London zurückkehrte, befand er sich auf der Höhe seiner Macht. Er war ein schwierig zu behandelnder Mann; ein Schotte, ohne Erbarmen gegen die, die ihm gegenüber gefehlt hatten, und daher der bestgehasste Mann im Carmeliterhaus. Hinter seiner harten Maske steckte eine sehr liebenswürdige Persönlichkeit, aber es nahm mich eine ganze Reihe von Jahren in Anspruch, ehe ich seine angenehmen Eigenschaften entdeckte.

Bei Alfred kannte man sich sofort aus oder glaubte wenigstens, dass man es tat. Bei Harold war man immer auf der Hut; man vermutete bei ihm, dass er die Mängel der Betreffenden erkannte. Bei K. J. kam man aus dem Angstschweiß nicht heraus. Und hinter diesen drei befand sich George Sutton, der, wie ich mir einbildete, jeden Posten auf der Spesenliste prüfte, und Marlowe, sehr vernünftig, sehr offen und sehr zuverlässig. Es gab keinen Mann, der seinen Leuten gegenüber wohlgesinnter oder menschlicher fühlend war.

Von dem ersten Tag an, an dem ich Gwynne in seinem Kontor in der Adderly Street, Kapstadt, sah, bis lange Zeit, nachdem ich in den Stab der »Daily Mail« eingetreten war, wurde ich von der einzigen Furcht gehetzt – von der Furcht, dass irgendjemand mich »bloßstellen« könnte; dass an einem unheilvollen Tag ein allmächtiges Wesen sich mir gegenüberstellen könnte und, indem es mit Fingern auf mich wies, sagen würde: »Er ist kein Journalist! Er ist ein Zeitungsjunge! Er ist ein Kind der Gosse – bar jeder Kenntnis der englischen Grammatik. Stellt ihm nur einige wenige Fragen und sein Schwindel ist aufgedeckt.«

Dennoch hat mich in meinem Leben nur ein einziger Mann vor einer solchen Bloßstellung wirklich zittern gemacht.

Das war ein glänzender Artikelschreiber bei einem Abendblatt, beim »Echo«, glaube ich. Er kritisierte mein kleines lyrisches Werk »In Kasernen geschrieben«. Und er kritisierte es in einer Weise, dass ich fühlte, ich gehörte zu den hoffnungslosen Mittelmäßigkeiten. Ich war meiner Hüllen entkleidet und in all meiner Nacktheit bloßgestellt.

Das war eine Lehre für mich. Ich war sehr vorsichtig in der Kritik der Werke junger Menschen. Ich hütete mich, sie so zu zermalmen, wie ich zermalmt worden war. Glücklicherweise bin ich ziemlich dickfellig. Aber ich vergaß niemals den Spott dieses literarischen Gentlemans.

Was gab mir mein Selbstvertrauen und nahm mir diese lächerliche Angst? Es war die Kameradschaft meiner Journalistenbrüder – jener alten Brüderschaft, die einem Soldaten so vertraut ist; es war ihre Bereitwilligkeit, Fehler zu verdecken und Irrtümer zu vergeben; der Tagesreporter von »der Straße« ist das Salz der Erde.

Und in meiner ersten Zeit bei der »Daily Mail« hatten wir ein erstaunlich gutes Personal! Charlie Hands, Lincoln Springfield, Sydney Dark, Mackenzie, Filson Young, Frank Dilnot, W. H. Wilson, L. G. M. (Mainland). Ich zählte mir neulich zusammen, dass sieben von jenen neun Berichterstattern seitdem Londoner Schriftleiter geworden sind.

Alfred bekämpfte Chamberlain wegen der Vergnügungssteuer. Etwas später wurde ich nach Kanada geschickt, um die Opposition gegen Vorzugszölle auf Korn aufzudecken.

Glücklicherweise erwiesen sich die Berichte, die ich nach Hause sandte, als der Tarifrefom günstig. – Glücklicherweise, denn ich hatte Kanada kaum erreicht, als Alfred Harmsworth sich mit Chamberlain einigte und ihm stärkste Unterstützung zusicherte.

Ich war eine ziemlich bedeutende Person in Kanada, zum Teil oder besser hauptsächlich, weil ich in Südafrika in der Lage gewesen war, kanadischen Besuchern einige Gastfreundschaft zu erweisen. Sie gaben mir ein oder zwei Festessen, und als ich nach London zurückkehrte, war meine alte Anmaßung wiederhergestellt. Ich machte die Heimreise von New York an Bord der »Majestic« mit einer so interessanten Auswahl von Passagieren, wie ich sie mir nicht besser hätte wünschen können: Lord Denbigh und die verstorbene Gräfin, Mr. Pease (später Lord Gainsboro) und William Jennings Bryan wirkten jeder auf seine Weise erzieherisch. Lady Denbigh war ein sehr süßes Geschöpf. Ihre Einfachheit und Güte waren verknüpft mit einer umfassenden Menschen- und Sachkenntnis. Ihr Bruder, Hugh Clifford, hatte gerade ein fesselndes Buch über die Kopfjäger von Borneo geschrieben.

Bryans Einfachheit war von einer anderen Art. Sie war eine einstudierte Mannigfaltigkeit, denn er war ein ebenso großer Schauspieler wie Demagoge. Aufrichtigkeit ist ein relativer Begriff. Er mimte Aufrichtigkeit, bis sie ihm zur zweiten Natur wurde. Er hatte stets einen Instinkt für unpopuläre, aber lohnende Sachen; seine Ansichten über alle Angelegenheiten außerhalb des Kirchspiels waren lächerlich falsch. Und doch war vieles an ihm liebenswert. Er stand bei meinem Jungen Pate – der nach ihm Bryan heißt – und schenkte ihm feierlich einen Band Tolstois Essays und mir einen Zylinder, den William J. zu groß für mich fand.

Der Kapitän der »Majestic« war jener Smith, der später mit der »Titanic« unterging.

Wie ich schon sagte, kam ich ziemlich selbstzufrieden nach London zurück, denn ich hatte ziemlich gute Arbeit in Kanada geleistet. In der Nacht meiner Rückkehr stelzte ich in das Büro der »Daily Mail« und stand in malerischer Stellung neben dem Pult des neuen Hauptschriftleiters.

»Ich bin zurück«, sagte ich schlicht.

Er sah mich über seine Brillengläser an. Er war weder überrascht noch begeistert. Er stand nicht auf, noch schüttelte er mir warm die Hand und gab mir auch kein Willkommen in der City. Anstatt dessen händigte er mir einen Streifen Papier aus.

»Da ist eine Hinrichtung – morgen früh. Gehen Sie dorthin und berichten Sie!«

Ein Romanschreiber darf nur bis zu einem gewissen Grad den Zufall walten lassen – im wirklichen Leben dürfen die befremdendsten, unerwartetsten Dinge geschehen und werden anstandslos hingenommen.

Vor länger als zwei Jahren hatten wir ein Gefecht mit De Wet in der Kap-Kolonie gehabt, und als es vorüber war, ritt ich in den nächsten Ort, um meine Telegramme aufzugeben. Als ich mich dem Dorf näherte, bemerkte ich, dass jemand nach mir schoss. Kleine Staubspritzer sprangen vom Weg auf und als ich mich umsah, stellte ich auf einem Kopje einen unserer Soldaten fest, der bedächtig auf mich anlegte. Obwohl ich nicht zu den besten Reitern gehöre, brachte ich meinen Gaul in eine lebhaftere Gangart und ritt im Galopp auf den Meuchelmörder los. Ich füge hinzu, dass er ruhig weiter auf mich schoss, bis ich ein Dutzend Schritte von ihm entfernt war. Dann dämmerte es ihm wohl, dass ich ein Engländer sei, er hörte auf zu feuern und stand auf. Wütend fragte ich ihn nach seinem Namen und nach seinem Regiment und schnauzte ihn in Ausdrücken an, die ich beim Militär gelernt hatte, was zum Teufel es denn helfen solle, dass er auf mich schösse.

»Ich dachte, Sie seien ein Bur'«, sagte er. »Warum tragen Sie auch solch einen Hut?«

»Mein Freund«, entgegnete ich (ich gebrauchte nicht gerade das Wort Freund, sondern einen treffenderen Ausdruck), »wenn Sie auf Leute schießen, weil Sie deren Hüte nicht ausstehen können, werden Sie eines Tages gehängt werden.«

Ich drohte ihm, ich werde ihn bei seinem Obersten anzeigen, aber natürlich tat ich nichts derartig Unsportmäßiges. Ich vergaß den Vorfall und er blieb vergessen, bis ich an jenem verhängnisvollen grauen Morgen im Gefängnis einer östlichen Grafschaft vor der Zelle eines zum Tode Verurteilten stand und beobachtete, wie der Henker ein schwankendes Rohr von einem Mann zum Galgen führte. Und dann erkannte ich in dem Delinquenten zu meinem Erstaunen den Mann von dem Kopje wieder. Später, als ich im Zimmer des Gefängnisdirektors den Totenschein unterzeichnete (oder was für ein Dokument man dort unterzeichnet), sah ich seinen Namen, und mein letzter Zweifel betreffs der Identität des Mannes war behoben.

Von allen Hinrichtungen, die ich gesehen habe, erinnere ich mich dieser aus einem besonderen Grund. Der Pastor verlor die Stelle im Gebetbuch, die er bei dieser Gelegenheit lesen wollte, auf halbem Weg zwischen der Zelle des Verdammten und dem Galgen, und wir mussten, wie mich däuchte, eine Ewigkeit warten, bis er die Stelle wiedergefunden hatte.

Uff! Diese Hinrichtungen! Der Krach, den die Falltür beim Niederfallen macht! Der Henker, der den Strick handhabt! Die baumelnde Gestalt, die wie ein an einem Ende aufgehängter Bogen gekrümmt war! Scheußliche Sache! Aber geschäftsmäßig nüchtern und bereits vorüber, ehe man anfängt, richtig zu klappern.

Die erste Hinrichtung in England, deren Zeuge ich war, ist aus einem anderen Grund denkwürdig; ich hatte in unmittelbarem Anschluss an sie einen höchst sonderbaren Traum.

Es gibt eine ganze Literatur über Träume und man hat viel über ihre Deutung und Bedeutung gelesen und gehört. Aber ich möchte gern wissen, ob meiner eigenen Erfahrung eine andere an die Seite gestellt werden kann. Ich hatte diesen Traum ein paar Nächte nach dieser Hinrichtung. Dieser Traum war eine vollkommene Geschichte von Anfang bis zu Ende und war überdies ein äußerst treffendes Gleichnis. Ich habe den Traum oft meinen Freunden erzählt, im Allgemeinen glaubten sie mir nicht. Die einzigen Personen, die meiner Versicherung, ich hätte diese Geschichte nicht erfunden, glaubten oder zu glauben schienen, sind Michael Arlen und Dulac, der wundervolle Künstler. Dennoch verlief diese Traumgeschichte in jeder Einzelheit so, wie ich sie jetzt schildere.

Mir träumte, ich wandelte auf der Brustwehr des Himmels. Die Brustwehr des Himmels glich eher der Promenade einer kleinen Stadt an der See. Eine Mauer war da, ein Streifen Pflaster und ein Weg, der diesen beiden parallellief. Eine Anzahl alter Heiliger lehnte sich über die Mauer, sie sahen hinunter ins Leere, wo man sich schattenhaft durch Nebel hindurch eine blassgrüne Welt drehen sah. Die Gewänder der Heiligen waren ziemlich schmierig und zerrissen, und im Allgemeinen machten sie einen glücklichen, aber vernachlässigten Eindruck. Mit ihren Ellenbogen auf den Wall gestützt, starrten sie zerstreut auf die Welt unter sich und rauchten dazu kurze Tonpfeifen. Aus dem beizenden Aroma, das mir in die Nase fuhr, schloss ich, dass sie Shag rauchten.

Nun sah ich einen anderen und älteren Heiligen, die Füße mit Sandalen bekleidet, quer über den Weg kommen; unter einem Arm trug er einen ungeheuren Mörser und in seiner Hand einen großen Stößel aus Porzellan. Die zerstreuten Heiligen bemerkten ihn kaum, bis er sich auf der Schutzmauer niedersetzte, seine Pfeife stopfte und sie anzündete. Darauf nahm er den Mörser zwischen seine Knie und aus seinen Gewändern einen großen blauen Diamanten, der im Sonnenlicht Funken sprühte.

Diesen Diamanten legte er auf den Boden seines Mörsers und klopfte auf den Edelstein, bis dieser in kleine Stücke zerstampft war. Stunde auf Stunde stampfte er darauf los, bis nichts von dem Kleinod übrig war, als eine Menge feinen weißen Pulvers. Von Zeit zu Zeit drehten sich die Heiligen an der Brüstung nach ihm um und beobachteten ihn.

Als er fertig war, legte er die Mörserkeule hin, hob den Mörser auf und stellte ihn auf die oben flache Brüstung. Jeder der alten Heiligen nahm eine Handvoll des Pulvers und warf es in den Weltenraum hinunter, und als ich mich über die Brüstung lehnte, sah ich den Diamantenstaub wie eine leuchtende Wolke außer Sicht sinken. Dann sah ich die Welt näherkommen und bemerkte, wie sich der Diamantenstaub auf der Oberfläche der Erde setzte. Dann sah ich menschliche Wesen, wie sie nach etwas suchten; sie waren so deutlich, als ob ich neben ihnen stände. In diesem Augenblick fand ein Mensch eins der Diamantenstäubchen, und seine wahnsinnigen Rufe zogen Hunderte und Tausende in seine Nähe. Diese legten den Diamantensplitter in eine große Schachtel und bauten eine Kirche darum herum. Und an einem anderen Teil der Erde wurde ein weiteres Diamantenstäubchen gefunden; und jene, die es entdeckt hatten, errichteten eine Universität, Massen von roten Häusern, Türme und Tempel zu Ehren jener Entdeckung.

In dem Ort, wo man ein drittes Stäubchen gefunden hatte, wurde ein Krankenhaus errichtet und eine neue Wissenschaft sprang auf. Das ging so Tag für Tag, Jahr auf Jahr, es schien, als hätte Zeit kein Maß, und während ich hinsah, vergingen Jahrhunderte wie ein Augenblick. Aber jedes Mal, wenn eines der Diamantenstäubchen entdeckt und eine Kirche oder eine Synagoge darum errichtet wurde, brüllten die alten Heiligen vor Gelächter, bis ihnen die Tränen über ihre runzeligen Gesichter herunterliefen.

»Wo steckt denn hier der Witz?«, wandte ich mich an einen der heiligen Männer, und als er sich die Lachtränen fortgewischt hatte, erklärte er: »Du hast doch den Diamanten gesehen, den der alte Harry zerstampft hat. Nun, das ist die Wahrheit. Hast du bemerkt, wie er die zu feinstem Staub zerstoßen hat?«

»Das habe ich gesehen. Aber worin steckt denn da der Witz?«

Der Heilige krümmte sich vor Lachen. Er konnte lange nicht sprechen und schließlich sagte er:

»Der Witz liegt darin: Jeder Mensch da unten auf der Erde, der eins von diesen Stäubchen findet, bildet sich ein, er habe das Ganze gefunden.«

Ich habe diese Geschichte noch niemals zuvor drucken lassen. Ich tue das jetzt, ohne zu erwarten, dass meiner Versicherung ihrer

Richtigkeit allgemein Glauben geschenkt wird. Aber das ist der Traum, wie ich ihn bis in alle Einzelheiten und Wort für Wort geträumt habe. Er hatte eine tiefe Wirkung auf meine Lebensphilosophie, änderte alle meine Gesichtspunkte und brachte mich einem Verständnis für weiteste Toleranz näher, als unstudierte Leute jemals erreicht haben.

Einige Zeit später sprach ich den jungen Billington, den Henker, und fragte ihn, ob sein grässliches Amt ihm beunruhigende Träume verursache. Er erzählte mir, es ließe ihn wohl manchmal nicht gleich einschlafen, aber es hätte ihm noch nie etwas Außergewöhnliches in Gestalt von Alpdrücken gebracht. Sein Vater, der ein Mann von einem empfindlichen Gewissen war, wurde von seinen schrecklichen Erlebnissen nicht beunruhigt. Eines Tages beging einer seiner Freunde einen Mord, wurde, wie sich's gehört, vernommen und zum Tode verurteilt. Der alte Billington wurde damals krank; tatsächlich todkrank. Aber das Gerücht drang zu ihm, die Leute sagten, er simuliere nur, um dem Dilemma zu entgehen, seinen eigenen Freund hängen zu müssen. Es bedurfte nur dieses Anstoßes, um den kranken Mann zu reizen. Er stand von seinem Krankenbett auf, begab sich nach dem Strangeways-Gefängnis, hängte seinen ehemaligen Freund und kam nach Hause, um zu sterben.

Ellis, der schweigsamste aller Henker, machte sich schreckliche Gedanken über einige seiner »Arbeiten«. Neulich war ich in einem Gefängnis der Provinz und sprach mit dem Obergefangenenwärter. Wir kamen dabei auf die Henker zu sprechen.

»Die Henker von heute sind nicht mehr, was sie früher waren«, sagte er und schüttelte seinen Kopf sorgenvoll. »In früheren Zeiten pflegte ein Henker, der ins Gefängnis kam, nur ein Glas Bier und etwas Brot und Käse zu verlangen. Heute fordern sie Kaviar und Pfirsiche.«

Er erzählte mir, dass der Henker, der bei jener Hinrichtung tätig war, die Oscar Wilde in seiner »Ballade von Reading« unsterblich gemacht hat, beim Ministerium des Inneren dagegen protestiert hatte, dass er bei jener Gelegenheit »Gärtnerhandschuhe« getragen haben solle. Ein etwas ergötzliches Streiflicht zur Literaturgeschichte!

Einer der Leute, denen die Traumgeschichte erzählt wurde, war Bryan.

»Sehr interessant«, sagte er, aber er hatte gar nicht zugehört. Bryan hörte niemals zu, außer in Dingen, die seine Privatangelegenheiten berührten. Er ging auf wunderbare Weise durch dieses Leben, ohne jemals von menschlichen Erfahrungen zu lernen. Er hatte ein leidenschaftliches Vertrauen in Ansichten, die bei anderen Leuten unbeliebt waren, und machte gerade diese zu seinen eigenen.

Er erzählte mir kindlich genug, dass er an die Theorie von der sauren Milch als lebensverlängerndes Mittel geglaubt hätte, »bis jeder saure Milch zu trinken begann, da hörte ich gerade damit auf.«

Alfred Harmsworth bat mich, Bryan hinunter nach Sutton Court zu bringen, und ich begleitete den großen Amerikaner nach Surrey. Kennedy Jones war dort und Max Pemberton, und als Kennedy Jones den silberzüngigen Redner aus Nevada allen Ernstes ersuchte, eine Rede zu halten, willfahrte Bryan sofort. Ich glaube, er sprach über die Silberwährung, über die er so donnernd beredet wurde, und ich werde die unglaubliche Situation nie vergessen, als sich Bryan in seiner Unschuld vor der kleinsten Zuhörerschaft aufspielte, die er jemals angeredet hatte.

Bryan war ausnehmend freundlich gegen mich und es war einige Tage nach jenem Besuch, als ich mit ihm speiste, dass er mich in aller Feierlichkeit mit dem nutzlosen Zylinder beschenkte. Ich habe diesen jahrelang aufbewahrt; wohin der Hut schließlich kam, kann ich nicht mehr feststellen. Eben habe ich vom Bücherbrett den kleinen Band Tolstoischer Briefe und Essays heruntergenommen, die Bryan durch mich meinem Sohn schenkte. Leider sind die meisten Seiten des Buches noch nicht aufgeschnitten!

»Ich werde eines Tages Präsident der Vereinigten Staaten sein, und von diesem Tag an wird es keine Kriege mehr geben«, sagte er einmal zu mir.

Um Bryans ungewöhnliche, fast unglaubliche Naivität zu beleuchten, mag Folgendes dienen: Ich erzählte ihm auf seine Bitte hin einiges über die Gefechtsstärke der britischen Flotte. Es war auf der »Majestic« und wir kamen darauf, weil wir eben ein britisches Schlachtschiff passiert hatten. Ich zeichnete auf der Rückseite einer Speisekarte einen Torpedo und beschrieb seinen Mechanismus, so gut ich das konnte.

»Wie groß ist ein solches Ding?«, fragte Bryan, und als ich ihm das sagte, starrte er mich mit offenem Mund an.

»Haben Sie da auch den armen Teufel berücksichtigt, der da drin zu sitzen und es in Betrieb zu setzen hat?«, fragte er.

Ich erzählte das Lord Denbigh. Dieser amüsierte sich, ich hätte die Sache erfunden.

Bryan hatte die Absicht, in London eine Zeitung auf denselben Grundlagen wie jenes Blatt zu gründen, das er in Nebraska herausgab. Eine Art Journal, das allen gerecht würde und das Frieden und Glück für jedermann sicher sollte. Aber »Alfred« (Harmsworth) machte die Idee so lächerlich, bis der Gedanke fallengelassen wurde.

♦

11.

Meine Arbeit drehte sich indessen nicht um Bryan und Sutton Court allein. Unglücksfälle in Bergwerken, Hoffeste, wichtige Begräbnisse, religiöse Angelegenheiten, Unruhen in Frankreich, Mord, geheimnisvolles Verschwinden, eine Reihe von Aufregungen hielten mich dauernd in Atem. Der Sonderberichterstatter ist eine gute Schule für den angehenden Geschichtenerzähler.

Ich wurde ein gründlicher Sachverständiger in spanischen Angelegenheiten, ging ein halbes Dutzend Mal nach Madrid und ebenso oft nach Marokko. In Südafrika hatte ich einen bösen Sturz vom Pferd, und heute würde ich selbst um 100 Pfund nicht das sanfteste Ross besteigen. In Marokko überwand ich meine Nervosität und ritt hinaus, um Raisuli, den Räuber, aufzusuchen. Das Unglück wollte, dass ich vom Gaul fiel, als ich durch den Sok ritt, und ich fiel gerade zwischen das klapprige Tier und eine alte Mauer. Ein betagter Jude kam aus dem Bazar herausgerannt und half mir. Gleichzeitig sagte er mir ein sehr ungeschicktes Kompliment.

»Der Sattel ist schuld, dass Sie heruntergefallen sind. Ich werde Ihnen einen Sattel schicken, aus dem Sie nicht herunterfallen können.«

Ich glaubte, er habe mir eine neue maurische Erfindung in dieser Richtung anzubieten, und ich gab ihm einen Auftrag auf dieses Prachtexemplar unter den Sätteln; anstatt dessen schickte er mir an jenem Nachmittag ein paar Schuhe ins Hotel.

Eine meiner Fahrten nach Marokko war bemerkenswert. Man wird sich erinnern, dass die russische Flotte während des Krieges mit Japan durch die North Bank fuhr und einige englische Fischer in den Grund schoss. Diese nervöse Handlung von

Seiten Rozhestvenskys verursachte in England ungeheure Aufregung und führte beinahe zu internationalen Verwicklungen.

Die russische Flotte sollte in Vigo Kohlen einnehmen, und ich wurde Hals über Kopf nach jenem Hafen geschickt, um, so gut ich konnte, Einzelheiten über die Ansicht der Russen über jenen Zwischenfall auszubaldowern.

Am Tag, an dem ich Vigo erreichte, kam auch die Flotte an. Aber es wurde Nacht, ehe einer meiner Kundschafter mir die Nachricht brachte, ein paar russische Unteroffiziere seien heimlich an Land gekommen und zechten in einem übel berüchtigten Hause.

Ich begab mich in jenes Haus und traf dort, umgeben von sonderbar gekleideten Damen, zwei ziemlich betrunkene Seeleute, von denen einer Englisch sprach. Von diesem hörte ich einen guten Bericht über die Panik, die die Russen ergriffen hatte, und drahtete das Gehörte nach London. Ich wartete nicht ab, bis die Flotte Vigo verließ, sondern eilte von Madrid nach Algeciras und von da über Gibraltar nach Tanger, um dort die Flotte rechtzeitig ankommen zu sehen und dem Empfang des russischen Admirals in seiner goldbesetzten Uniform beizuwohnen. Ich erfuhr nur etwas von Wichtigkeit, nämlich, dass die beiden Leute, die mich über die Ereignisse der Nordsee unterrichtet hatten (der nicht englischsprechende Russe hatte den anderen dazu ermuntert), entdeckt und zwischen Vigo und Tanger an der Rah aufgehängt worden waren.

Algeciras und Gibraltar waren mir bekannte Städte, und als die Mächte nach dem Algeciras-Vorfall eine Konferenz ihrer Vertreter in diesem schönen kleinen Hafen zusammenriefen, wurde ich dorthin geschickt, um meine Zeitung zu vertreten.

Es war die unglücklichste Konferenz, der ich jemals beigewohnt habe. Hier war der erste Hinweis auf den kommenden Krieg, der 1914 ganz Europa verwüsten sollte. Im Augenblick konnte es sich weder Frankreich noch Deutschland gestatten, einen Krieg zu erklären. Frankreich hatte die Neubewaffnung seiner Artillerie noch nicht durchgeführt, Deutschland war aus einem anderen Grund auf einen langen Kampf nicht vorbereitet. So beschränkte man sich auf Algeciras-Konferenz hauptsächlich darauf, »das Gesicht zu wahren«, und ging sichtlich in der Aufgabe auf, die Grenzen der Interessensphären zu bestimmen.

In den gespanntesten Augenblicken der Konferenz, als die Franzosen und Deutschen unversöhnbar schienen, machte der König von Italien den Versuch, eine Verständigung zwischen den beiden Gegnern herbeizuführen. Wir wussten, dass er an den Grafen Venosta gekabelt und diesen angewiesen hatte, eine mittlere Linie zu finden. Den ganzen Tag über herrschte ein Kommen und Gehen des gequälten Ministers, der bald den Franzosen besuchte und bald den Deutschen. Eine kleine Armee von Berichterstattern folgte ihm, die auf das Ergebnis seiner Versöhnungsversuche warteten. Auch ich wartete in der Nähe des Telegrafenamtes, das nahe beim Hotel lag.

Es war elf Uhr nachts, als der italienische Sekretär ein großes Bündel von Telegrammformularen ins Telegrafenamt brachte und sie den Beamten zur Beförderung übergab. Sie waren natürlich in Chiffreschrift, aber ich brauchte sie nicht erst zu lesen. Ich schickte ein Telegramm an mein Blatt, der Versuch der Italiener, die Angelegenheit zu schlichten, sei misslungen. Ich besaß keine andere Information, ich hatte nur eben einen Blick auf den dicken Haufen von Telegrammformularen geworfen, aber ich schloss folgendermaßen: Wenn der Versuch des italienischen Ministers Erfolg gehabt hätte, hätte er in erster Linie ein kurzes triumphierendes Telegramm an seinen Herren abgeschickt und damit seinen Erfolg bekanntgegeben. Ein kurzes Telegramm nach Italien ging aber nicht ab. Die lange Nachricht, so folgerte ich, war eine Erklärung und Erklärungen dienen nur, um Fehlschläge zu entschuldigen.

Wie es sich erwies, hatte ich recht. Aber die Angabe des armen Jules Hedeman vom »Matin«, die er höchst wütend am folgenden Morgen machte, ich hätte eine Abschrift des Telegramms erlangt und auf irgendeine geheimnisvolle Weise entziffert, war natürlich Unsinn.

Madrids entsinne ich mich der Hochzeit des Königs halber. Ich war dorthin geschickt worden, um diesem interessanten Ereignis beizuwohnen, und sicherte meiner Aufgabe einen guten Anfang, indem ich gewisse, sehr wichtige Telegrafenbeamte zu einem Essen in das Café Fornos einlud. Es ist natürlich immer klug, sich mit Staatsministern und Gesandten anzufreunden. Aber der Sonderberichterstatter, dessen Ruf darauf beruht, Nachrichten schnell zu erlangen und sie noch schneller abzusenden, versteht seine Aufgabe nicht, wenn er seinem Redakteur nicht alle Zugänge öffnet.

Den Bericht über das Innere der Kirche zu schreiben und ihn abzuschicken, war eine langweilige Geschichte. Am Tag vor der Trauung ging ich in die kleine Kirche, in der die Zeremonie stattfinden sollte. Ich machte eine kurze Beschreibung von ihrer Architektur, beobachtete den Gottesdienst eingehendst, machte einen rohen Entwurf und schrieb dann einen Bericht über die Trauung, in dem ich verschiedentlich einen freien Raum ließ, der mit unvorhergesehenen Ereignissen ausgefüllt werden konnte.

Ich schickte den Lokalberichterstatter in die Kirche, um aufzupassen, und wartete, bis er wieder herauskam. Das tat er auch, ehe der königliche Hochzeitszug die Kirche verließ, und gemeinschaftlich verglichen wir den bereits geschriebenen Bericht. Es zeigte sich, dass nur zwei oder drei Einzelheiten hineingearbeitet zu werden brauchten, und das tat ich auch zur Verwunderung Tausender von neugierigen Zuschauern, indem ich mich auf den Bürgersteig setzte und die fehlenden Einzelheiten mit Bleistift nach dem Diktat des Lokalberichterstatters in den Bericht aufnahm.

Mein Platz gestattete mir, die ganze Linie des Hochzeitszuges entlangzugehen. Ich ging den Weg nach der Puerta del Sol zurück, gab mein Kabel auf und ging zu der großen sonnengebadeten Plaza, wo ich auf die Ankunft des königlichen Zuges wartete.

Ich war gerade nicht der Gelegenheit angepasst gekleidet. Mein Anzug bestand aus einem weißen Hemd, einem Paar grauer Flanellbeinkleider, schwer zu beschreibenden Schuhen und einem breitrandigen Sombrero, denn es war ein glühend heißer Tag. Aber Spanien ist im Grunde ein demokratisches Land; vielleicht ist es das am meisten demokratische der Welt, außer unserem eigenen. Ich hatte meinen Polizeipass am Hemd festgesteckt und es wehrte mir keiner, als ich mich dem Zug beigesellte und ihm bis in die Calle Major, in die Hauptstraße, folgte. Irgendwo hinter mir ritt der Prinz von Wales, unser jetziger König. Ich bemühte mich ängstlich, seine Aufmerksamkeit zu vermeiden, damit er nicht fragen sollte, wer die Vogelscheuche sei, und damit er sich nicht über meinen Aufzug beklagte.

Ich hielt mich hinter der Respektskarosse und zog den heißen Asphaltweg entlang. Die Menge brach in wahnsinnige Freudenschreie aus. Königin Ena, wie wir sie nennen – Königin Eugénie, wie sie jetzt heißt – sah wunderbar aus. Der junge König Alfonso war ein einziges Lächeln. Es gibt keinen mutigeren Menschen als König Alfonso. Nichts hat ihn jemals in Furcht gesetzt. Sein Hauptvergnügen war, seine Limousine mit einer Geschwindigkeit von 70–90 Meilen die Stunde auf den nicht ganz geheueren Landwegen Spaniens zu steuern.

Die Calle Major ist eine enge Durchfahrt, aber an einer Stelle weitet sie sich. Die königliche Kutsche war eben im Begriff, den weiten Platz, auf dem eine Kirche steht, zu erreichen. (Ich bin mir dessen nicht ganz sicher, aber mir ist so, als ob dort eine Kirche stände.) Da machte mich etwas aufsehen. Die Fenster auf beiden Seiten der Straße waren dicht mit Menschen besetzt, und als ich die Augen erhob, sah ich einen Blumenstrauß von einem der obersten Fenster herunterfliegen und gerade noch den kahlen Kopf eines Mannes im Fenster verschwinden. In dem Augenblick, in dem ich diese Blumen sah, stand mein Herz fast still, denn Sie kamen mit einer solchen Schnelligkeit von oben heruntergesaust, dass kein Zweifel darüber sein konnte, dass sie irgendetwas Schweres, etwas Unheimliches verbargen ...

Die gewaltige Explosion warf mich fast zu Boden, und eine Sekunde später befand ich mich inmitten einer aufkreischenden Menge, die vor Furcht verrückt war. Ich erhaschte einen Blick auf sterbende Pferde, auf Blutlachen auf dem Weg, sah, wie der halb ohnmächtigen Königin aus dem Wagen geholfen wurde und wie ihr weißes Kleid mit Blut bespritzt war. Aber einen noch tieferen Eindruck machte der König, als er mit einem unbeweglichen Lächeln in seinem langen Gesicht aufstand und der Menge mit seinen Händen Mut zuwinkte. Er war der einzige ruhige Mensch in diesem furchtbaren Wachtraum schrecklicher Verwirrung.

Wie ich es ermöglichte, zum Telegrafenamt zurückzukommen, weiß ich nicht. Aber so schnell, wie ich auch gewesen war, die Behörde war noch schneller. Die Telegrafenlinien waren gesperrt. Keine Nachricht irgendwelcher Art über den Mordanschlag durfte aus Madrid herausgehen.

Es gab noch einen ausschlaggebenden Grund, warum von mir keine Nachricht abgegeben werden konnte. Ich besaß kein Geld.

Ich hatte fast meine letzte Peseta für das Kabel ausgegeben, das den Hochzeitsbericht enthielt. Darauf begann ich die sonderbarste Jagd, die ein Berichterstatter jemals unternommen hat. Eine Jagd nach Geld! In einer fremden Stadt! An einem Feiertag! Als alle Banken geschlossen hatten und Cooks Reisebüro verbarrikadiert war.

Lowell, der Architekt von Waring & Willow, war mein Hoffnungsanker, er war aber fast ebenso schlecht daran wie ich selbst, indessen erhielt ich doch etwas von ihm. Einiges lieh ich mir vom Hotel Paris, indem ich dem Portier meine Uhr zum Pfand ließ. Ich ging die britischen Ulanenoffiziere, die zur Hochzeit des spanischen Königs gekommen waren, während des Frühstücks um Geld an, aber leider konnten sie mir nur wenig helfen. Schließlich fiel ich einem menschenfreundlichen Amerikaner um den Hals, der vertrauensvoll veranlagt war und der sich mir zuliebe von zweihundert Pesetas trennte.

Das Einzige, was feststand, war, dass ein Bombenattentat auf den König verübt worden war. Wer es verübt hatte und warum, war unmöglich festzustellen. Was ich zu tun hatte, war, eine Reihe von Telegrammen nach London durchzujagen, die die glaubwürdigen Berichte übermittelten. Es musste dann London überlassen bleiben, dazwischen die Auswahl zu treffen, sie der Information entsprechend zu berichten, die unsere Londoner Schriftleitung von der Gesandtschaft erhalten konnte, und die augenscheinliche Wahrheit von handgreiflichen Vermutungen zu unterscheiden.

Obwohl das Telegrafenamt geschlossen war, wurden doch Telegramme angenommen. Aber die Absender wurden eindringlich gewarnt, dass nichts über das Bombenattentat befördert wurde. Diese Warnungen waren überall angeschlagen.

Ich versuchte meinen Weg durch Hintertüren und erlangte Eingang in das Zimmer, in dem telegrafiert wurde. Dort stieß ich auf meine Bekannten vom Café Fornos. Diese schüttelten die Köpfe. Die spanische Regierung, die immerhin eine wirksame Zensurgewalt vorstellte, hatte alle »Bombentelegramme« mit Beschlag belegt. Sogar das Telegramm, das der Prinz von Wales an den König Eduard aufgegeben hatte, durfte nicht passieren. Ich wurde dahin beschieden, dass ich einige kurze Telegramme als »dringende« Telegramme aufgeben dürfe, sobald die Linie frei sei; das hieß also zum dreifachen Tarif. Darauf gab mir einer der Telegrafenbeamten eine Handvoll kleiner roter Zettel, von denen einer auf jedes dringende Telegramm geklebt werden musste, um diesem den Vorzug vor jedem gewöhnlichen Telegramm zu sichern.

Ein langes Telegramm zum Eiltarif aufzugeben, kam für mich nicht infrage. Dazu hatte ich nicht genügend Geld. Das erklärte ich meinem spanischen Freund. Er zuckte die Achseln und drehte mir kurz den Rücken zu. Im ersten Augenblick hielt ich das für eine Beleidigung, aber dann …

Ich hatte ein Bündel Telegramme in der Hand. Schnell klebte ich auf jedes eines der zauberhaften roten Zettelchen und legte es in den Korb, der für die wichtigeren Telegramme der Gesandten und Minister an ihre Regierungen bestimmt war.

Meine Telegramme gingen durch!

Später, als ich Geld von London erhielt, bezahlte ich meine Schulden. Am nächsten Morgen erhielt die erste Spalte der »Daily Mail« eine Reihe von Nachrichten, die kostenlos von der spanischen Regierung befördert worden waren, obwohl man in London hiervon keine Ahnung hatte.

Sobald ich mich meiner Telegramme entledigt hatte, eilte ich in ein Haus, in dem ein Kollege wohnte. Er war genau genommen nicht gerade ein Kollege, aber er war eine höchst wichtige Persönlichkeit. Er schrieb für ein sehr bedeutendes Blatt, das damals der »Daily Mail« angegliedert war. Ich fand ihn in hoffähigem Anzug und – Schlafschuhen. Er schrieb eifrig an einem Bericht über die Hochzeit und sah mit keinem freundlichen Auge auf mein Eindringen.

»Ich nehme an, Sie wissen, dass jemand eine Bombe auf den König von Spanien geworfen hat«, sagte ich, um meinen Besuch zu entschuldigen.

Er schloss gelangweilt seine Augen und seine weiße Hand machte eine verständliche Geste in der Richtung der Tür.

»Ich bin mitten im Hochzeitsbericht, mein Lieber. Bitte, stören Sie mich jetzt nicht!«

Seine Zeitung brachte tatsächlich eine drei Zeilen lange Nachricht über das Bombenattentat, aber diese Nachricht stammte von dem unermüdlichen Reuter.

An jenem Abend stattete ich dem königlichen Palast einen Besuch ab. Ich hegte sehr wenig Hoffnung, Eintritt zu erlangen; und das umso weniger, als die spanische Presse sich übereinstimmend dafür entschieden hatte, dass der Attentäter ein Engländer sei.

Ein Strohhut wurde in dem Zimmer aufgefunden, von dem aus die Bombe geworfen worden war, und im Inneren des Hutes war die verdammte Inschrift gedruckt »Made in England«. Auf diese Entdeckung stütze sich die Behauptung der Polizei, dass der Missetäter ein Engländer sei!

Wenn ich sage, dass es in Madrid ganz unmöglich war, einen Strohhut zu kaufen, der nicht ein ähnliches Etikett trug, wird man imstande sein, sich eine annähernd richtige Vorstellung vom geheimen spanischen Polizeidienst jener Zeit zu machen.

Zu meinem Erstaunen durfte ich nicht nur den Militärkordon durchschreiten, der den Palast absperrte, sondern ich erhielt auch

Zutritt in den Palast selbst. Ich sprach mit einem Menschen, der entweder ein Grande oder ein Diener des königlichen Hofes war, und dieser ermöglichte mir, auf den König und die Königin von Spanien am Abend ihrer Hochzeit einen Blick zu werfen.

Sie gingen langsam die Gemäldegalerie entlang und er unterhielt sie mit Geschichten über seine Vorfahren.

Alfonso ist ein Sportsmann – und so gerade und ehrlich wie nur irgendein Christ in ganz Europa.

In derselben Nacht fand man heraus, dass der Mann, der die Bombe geworfen hatte, ein Tunichtgut namens Morrel aus Barcelona war.

Er wurde am nächsten Morgen verhaftet, erschoss dabei den Gendarmen, der ihn ergriff, und wurde wiederum von einem anderen Landgendarmen erschossen. Seine Leiche wurde nach einem kleinen Dorf befördert und dort in einen Brotladen getragen; in diesem entfernte man die Brote, die auf den Verkauf warteten, von dem untersten Brett des Regals und legte dort die Leiche nieder, bis der Krankenwagen sie abholte und nach Madrid brachte. Der Verbrecher war Anarchist, aber er hatte eine Krankheit, die die Ursache zu seinem verzweifelten Schritt war.

♦

12.

Hier ist ein geeigneter Augenblick, um einen Blick ein oder zwei Jahre, oder um genau zu sein bis zum Jahr 1906, zurückzuwerfen. Es war mir klargeworden, dass, wenn auch der Journalismus ein glänzender Beruf war und diejenigen reichlich lohnte, die glücklich genug waren, in die vorderste Reihe zu gelangen, dieser mich doch nicht weiterbrachte. Ich hatte eine kurze Erfahrung als Schriftleiter. Alfred Harmsworth hatte mir die Leitung der »Evening Post« übergeben. Aber das war ein tötendes Stück Arbeit, das Bürodienst in sich schloss, und ich war durchaus nicht davon überzeugt, dass ich ein geborener Delane sei. Jedenfalls ergriff ich die erste beste Gelegenheit, mich davon freizumachen. Kennedy Jones hatte veranlasst, dass ich nach Mazedonien geschickt werden sollte, und zu diesem Zweck war ich angewiesen worden, mir genügende Kenntnisse der französischen Sprache zu verschaffen. Ich ging darüber hinaus. Ich vertiefte mich in das Studium der türkischen Sprache und des Arabischen. Dieses Studium wurde durch den Umstand unterbrochen, dass ein Sonderberichterstatter für Marokko dringend benötigt wurde.

Was mir aber im Kopf steckte, war, mich als Erzähler zu betätigen. Während ich in Kapstadt war, hatte ich eine oder zwei »short stories« geschrieben, aber sie waren ohne jede Bedeutung. Das Beste, was ich darin geleistet hatte, waren meine »Smithy«-Artikel in der »Daily Mail« und die kurze Geschichte der russischen Zaren, die in demselben Blatt in Fortsetzungen erschien. Ich stellte die »Smithy«-Artikel zusammen und suchte nach einem Verleger, aber niemand schien Lust zu haben, meine Arbeit in Verlag zu nehmen. In einem Augenblick, der sich durch glänzenden Optimismus auszeichnete, gründete ich ein kleines Verlagsgeschäft, das ich die

»Tallis Presse« nannte. Das Geschäft nahm ein Zimmer in Temple Chambers ein, und von dort aus verlegte ich »Smithy« zu einem Schilling und verkaufte davon 30.000 Exemplare.

Ermutigt durch meinen Erfolg, setzte ich mich hin, um eine »short story«, die ich geschrieben hatte und die von jedem Magazin in London abgelehnt worden war, in eine längere Geschichte umzuarbeiten. Die Geschichte, in der ein Minister auf geheimnisvolle Weise ermordet und ein Preis für die beste Aufklärung seiner Ermordung ausgesetzt wurde, hatte den Titel »Die vier Gerechten«. Dieses Buch wurde zum Preis von drei Schilling sechs Pence herausgebracht. Da ich die Geschichte für gut hielt, war ich entschlossen, mir einen Ruf als Erzähler zu verschaffen, und wenn ich dabei bankrott werden sollte.

Ich wurde auch wirklich bankrott.

Ich annoncierte in den Zeitungen, an Bauzäunen, an Litfaßsäulen, an Omnibussen und pries in höchsten Tönen die Verdienste der »Vier Gerechten« an. Das Ergebnis war, ich verkaufte zwar 30.000 Exemplare, aber ich verlor 1.400 Pfund Sterling! Es gab also auch, wie ich gewahr wurde, eine Überpropaganda.

Lord Northcliffe eilte zu meiner Rettung herbei und zog mich aus dem Brei, in den ich mich selbst hineingearbeitet hatte. Angewidert verkaufte ich sämtliche Rechte der übrig gebliebenen Exemplare für 72 Pfund Sterling an George Newnes. Ich weiß nicht, wie viele 100.000 Exemplare dieses Buches dieser Verlag seitdem verkauft hat. Aber da diese Verleger Leute sind, mit denen es sich immer glänzend arbeiten ließ, hoffe ich, dass sie großes Kapital aus meinem Roman, der wirklich gut ist, geschlagen haben. Ich las ihn erst neulich wieder und war ganz zufrieden mit meiner Arbeit.

Auf jeden Fall hatte ich mir eine Art Ruf als Verfasser geheimnisvoller Geschichten gegründet, und jeder Penny, den ich dabei verloren hatte, war gut angewandt. Die Verleger hatten mir vorher mit einem Lächeln und unter Kopfschütteln erklärt: »Nein, danke, Mr. Wallace, wir kennen Sie nicht als Erzähler. Wir werden uns aber freuen, irgendein Buch aus Ihrer Feder, das über Ihre Erfahrungen in Afrika handelt, zu verlegen.« Sie waren irregeführt und es kostete mich eine lange Zeit, um über mein Experiment als Verleger hinwegzukommen.

Als ich damals ganz mittellos war und es Zahlungsbefehle aus allen Richtungen auf mich herunterregnete, schrieb ein junger Mann, der eben Oxford hinter sich hatte, eine Reihe von Artikeln »Wie die Armen leben«. Er hatte sich ein wenig in den »Höhlen« herumgetrieben, hatte eine Nacht in einer Herberge geschlafen und war einen Morgen in Covent Garden gewesen. Da fiel ihm ein, dass es eine ganz gute Idee sei, wenn er 24 Stunden gerichtlich bestellter Aufpasser bei einem Pfändungsbeamten würde. Sein Vater war Eigentümer einer ganzen Reihe von Provinzzeitungen und er selbst, glaube ich, ziemlich vermögend.

Durch einen der sonderbarsten Zufälle musste er sich gerade meine Nachbarschaft zum Feld seiner Pfändergehilfentätigkeit aussuchen, und eines Morgens fand ich einen Pfändungsbefehl über 93 Pfund Sterling – ich hatte keine 93 Pence – auf mein Haus und meine Möbel und einen sich entschuldigenden jungen Mann von sehr einnehmendem Äußeren in meinem Wohnzimmer vor. Als er entdeckte, dass ich auch Schriftsteller sei, wollte er sich aus dem Staub machen.

»Nein, nein! Es ist besser, Sie erleben so etwas«, sagte ich ihm. Zögernd blieb er.

Ich war ganz allein im Haus. Meine Angehörigen befanden sich in Südafrika. Ich hatte keine Dienerschaft. Nachdem wir unser Essen gekocht hatten und er die Zeit als langweilig empfand, schlug er vor, wir sollten Pikett spielen. Er sagte mir, dass er selber dieses Spiel besser spiele als der beste Spieler, dem er jemals begegnet sei. Aber Pikett spielte auch ich hervorragend gut. Wir begannen um neun Uhr, Picket zu spielen. Wir spielten um drei Pence das Hundert und hörten um sechs Uhr am nächsten Morgen auf. Ich gewann genügend Geld, um den Pfändungsbefehl abzulösen, und nahm noch 60 Pfund Sterling nach Kempton Park.

Als mein Verlag sich in einer sehr schwierigen Lage befand, empfing ich eine Mitteilung eines Durhamer Schullehrers, der eine Anzahl kurzer Geschichten zu veröffentlichen wünschte. Ich sprach mit ihm und wir trafen Abmachungen betreffs ihrer Veröffentlichung; die Geschichten wurden auch verlegt, aber nach sehr vieler Mühe. An dem Tag, an dem sie abgeliefert werden sollten, hatte ich eine Druckerrechnung zu bezahlen, und obwohl ich überzeugt bin, dass die freundlichen Seelen, die das Buch hergestellt hatten, Nachsicht mit mir walten lassen würden, war ich doch genötigt, alles zu verpfänden, um diese Bücher in meine Hand zu bekommen. Der Name des jungen Schriftstellers war Ian Hay. Obwohl die Herausgabe der Bücher sich nicht als ein finanzieller Erfolg erwies, hatte die »Tallis Press« das Vergnügen, in ihrem Verfasser einen der heute beliebtesten Schriftsteller zu lancieren.

Um zu meinen »Vier Gerechten« zurückzukehren: Ich hatte mein ganzes Geld verloren und hatte mich in meiner Verzweiflung an meinen Chef gewandt und ihn gebeten, mir zu helfen. In Madrid erhielt ich von ihm die freudige Nachricht, dass 1.000 Pfund Sterling für mich flüssig gemacht werden würden. Er war ziemlich erfreut über meine »Bombenberichte«, aber ich glaube nicht, dass er sich bei jener Handlung von diesem Erfolg hatte beeinflussen lassen. Er hatte mich gern und ich war immer eine Art Liebling von ihm.

Nach Empfang seines Briefes erhielt ich ein Telegramm, das mich beauftragte, nach Lissabon zu gehen und das mir mitteilte, dort erwarte mich ein Brief.

Als ich nach Lissabon kam, fand ich dort ein sehr vertrauliches Schreiben vom Schriftleiter vor, in dem er mir mitteilte, dass sie von einem beabsichtigten Attentat auf König Carlos Wind bekommen hätten. Das britische Auswärtige Amt sei darüber genauestens unterrichtet, und zufällig war das die Lissaboner Regierung auch.

Durch Vermittlung eines Freundes, einer meiner alten Berichterstatter in Südafrika, gelang es mir, den König zu sprechen. Dieser war eine starke, geniale Seele, der die Idee einer unmittelbaren Gefahr einfach hinweglachte. Er wusste jedoch, dass ein Anschlag gegen sein Leben geplant war. Die republikanische Bewegung war dort kein Geheimnis; einige der besten Bürger Portugals waren darin verwickelt. Ich sagte Seiner Majestät, ich würde mich ungefähr eine Woche länger dort aufhalten für den Fall, dass etwas Interessantes einträte. Er schien das für einen von mir allerdings unbeabsichtigten grimmigen Scherz zu halten und amüsierte sich darüber.

Anscheinend war man es zu Hause müde, auf diesen verzögerten Mord zu warten, denn ich erhielt Befehl, mich sofort nach Trondheim im Norden Norwegens zu begeben, um dort der Hochzeit König Haakons beizuwohnen. Diese Reise erforderte ein Durcheilen Portugals, Spaniens, Frankreichs und Deutschlands zum Land der Mitternachtssonne oder, wenn das für die Mitternachtssonne zu weit südlich lag, war es jedenfalls ein Land, in dem um Mitternacht Tageshelle herrschte.

Ihre irregeführte britische Regierung hatte einen Kreuzer abgeschickt, um an den Krönungsfeierlichkeiten teilzunehmen. Ein

Teil dieses Programmes bestand im Abbrennen von Feuerwerk. Das fand auch wirklich statt, denn Seeleute sind gewohnt, Befehlen zu gehorchen. Aber das Schauspiel von Feuerwerkskörpern, die in einem blauen, sonnenerhellten Moment platzen, war kaum wirkungsvoll zu nennen.

Die Krönung war eine ziemlich einfache Geschichte. Der Prinz von Wales, der heutige König, war dort und war wie ich selbst sehr viel auf Reisen. Man vermutet, dass er nicht davon entzückt war, so viel unterwegs sein zu müssen.

Ich hatte König Georg nur zweimal in Madrid gesehen. Er war einer der wenigen dort weilenden Fürsten, der seine Entrüstung über die Schlappheit nicht verheimlichte, die eine solche Schmach möglich machte. Ich sah ihn gerade, nachdem die Bombe geworfen wurde. Er und die Königin waren in diesem Augenblick echt britisch ruhig und selbstbeherrscht in der blinden Panik, die dem Fall der Bombe folgte – und sie waren doch der Grenze des Attentats höchst unangenehm nahe.

Bald darauf befand ich mich in Narbonne. Dort hatte es einen Winzerstreik gegeben, der sich etwas blutig zu einem Aufruhr und zu Unordnung entwickelt hatte. Als ich in dieser alten Stadt ankam, waren Steinhaufen in der Mitte der Straßen errichtet, »Zur Erinnerung an …, ermordet von den Soldaten des … ten Regiments.«

Dieser Besuch ist mir hauptsächlich deshalb erinnerungswert, weil er mich mit Jaurès in Berührung brachte, der am Vorabend des Weltkrieges ermordet wurde. Der große Sozialist hatte tatsächlich die Kontrolle über die Stadt und gab Armbinden und Passierscheine heraus, die es den Presseleuten ermöglichten, sich nach ihrem Belieben zu bewegen. Er war ein wichtiger kleiner Mann, ziemlich auffallend in seiner Erscheinung und etwas gespreizt in seinem Auftreten. Aber warum gerade er

Pässe in einer Stadt ausstellen sollte, die sich in Wirklichkeit im Belagerungszustand befand, gelang mir niemals herauszufinden. Er war ein sehr ernster, ehrlicher Mann, doch etwas wie ein Feuerbrand. Aber über alle Ämter hinaus, die er bekleiden mochte, war er Berichterstatter für ein Pariser Blatt und er benahm sich sehr menschlich journalistisch, als er entdeckte, dass einer seiner gewähltesten Sätze von einem verständnislosen Unterredakteur gestrichen waren.

Ein anderer Aufruhr war jener, der durch das schreckliche Unglück in Courrièrs verursacht wurde. Ungefähr eine Division Infanterie muss damals die Kohlenschächte bewacht haben. Gefechte mit den Bergleuten gehörten zur Tagesordnung, und die Ursache war der Streit darüber, dass die französischen Ingenieure die brennenden Minen geschlossen und die unten befindlichen Bergleute einem ihrem Schicksal überlassen hatten, als diese noch mit wenig Mühe hätten gerettet werden können. Die Berichterstatter wurden eingeladen, in eine der noch brennenden Minen hinunterzusteigen, eine Einladung, die ich anzunehmen nicht geneigt war. Tatsächlich fuhr nur ein einziger Berichterstatter hinunter, und das war Albert de Courville, der ein Londoner Abendblatt vertrat. Er machte die gefährliche Reise untertag und durchschritt drei oder vier Kilometer weit die Stollen. Nach seiner Beschreibung zu urteilen – Tote lagen auf dem Boden des Schachtes – war die Klage der Bergleute berechtigt. Über 1.000 Männer waren ihrem Tod überlassen, und vier Monate lang gingen die Ingenieure unter militärischer Bedeckung umher.

De Courville kannte ich schon seit seiner Jünglingszeit, als er noch unter mir Berichterstatter bei der »Evening News« war. Er war, wie ich glaube, der mutigste Junge, den ich jemals kennengelernt habe. Nichts konnte ihn in Furcht setzen. In einer stürmischen Winternacht verließ er London in einem Jackett und dünnen Schuhen, um über das Wrack der »Berlin« zu berichten und lieferte den besten Bericht über dieses Unglück, den London je darüber erhielt. Dieses Wagnis kostete ihm beinahe das Leben.

Mein Eifer, Geschichten zu schreiben, erlahmte. Es herrschte nicht, wie ich vorausgesetzt hatte, ein brennendes Verlangen seitens der Redakteure, die Romane in Fortsetzungen brachten, oder seitens des Buchverlages nach meinen Sachen. Niemand wies auf mich als auf den kommenden Schriftsteller hin, obwohl mein einziger Geschichten schreibender Freund, W. Pett Ridge, dessen Buch »Ein Sohn des Staates« einen großen Einfluss auf den Stil meiner frühesten Erzählungen ausgeübt hatte, niemals aufhörte, mich zu ermutigen.

W. W. Jacobs war der Zweite, der an mich glaubte; er ermutigte mich am meisten. Trotzdem stand es auf des Messers Schneide, ob ich ein anderes Ventil für meine Energie finden würde, als E. D. Morel seinen Sturmangriff auf die belgische Kongoregierung begann. Sein Buch »Roter Gummi« erreichte mehrere Auflagen, und Northcliffe entschied, ich solle zum Kongo gehen und mit eigenen Augen sehen, was in dem dunklen Innern von Afrika vor sich ginge.

Die Grundlage der Klage gegen das belgische Gouvernement war, dass seine Beamten unzählige Scheußlichkeiten an den Eingeborenen verübt haben sollten, und zweifellos waren Fälle von Verstümmelung solcher ähnlicher Art vorgekommen, die man den eingeborenen Soldaten der Kongo-Regierung zur Last legte. Es gab einen Missionsbericht über diese Geschichten. Aber ohne Frage herrschte böses Blut zwischen den britischen Missionaren und den belgischen Beamten, und wir betrachteten die Ansichten der Missionare mit ein wenig Skeptizismus.

Es sind glänzende Kerle, die Missionare, aber vor 20 Jahren waren sie ein sehr ungleicher Haufen. Ich entsinne mich Mrs. Caldecotts Redensart: »Es gibt eine Menge Leute, mit denen man beten kann, aber spielen man nicht mit jedem kann.« Und obwohl ich sehr demütig den Ernst und die Aufrichtigkeit der Missionare anerkenne, so gab es doch solche, mit denen man sich nicht gerne in einen Meinungsaustausch eingelassen hätte.

Sehr wenige unter den Missionaren sprachen Französisch, obwohl die meisten von ihnen die Eingeborenensprachen beherrschten. Und es machte die Sache noch komplizierter, dass der größere Teil von ihnen Protestanten waren, während die Religion des Kongo-Freistaates, wenn man von einer solchen reden konnte, die katholische war.

Ich habe nichts gegen Missionare zu sagen; sie haben mich großartig behandelt, als ich ihr Gast war. Aber mir ist kein Fall von Grausamkeiten vorgekommen, der nicht 14 Jahre alt war. Diese Reise war für mich von größtem Interesse. Ich kam mit Eingeborenen näher in Berührung. Ich studierte ihre Lebensweise und oberflächlich ihre Sprache. So kurz mein Aufenthalt auch war, ich fügte meiner Kenntnis von Eingeborenen, die ich mir in Südafrika gesammelt hatte, neue Kenntnisse hinzu, die für mich unschätzbar waren. Ihre Weisen, Sitten, ihre kindergleiche Art zu folgen und ihre biblische Einfachheit – ich nahm die Bilder und Laute auf, wie Löschpapier das Wasser aufsaugt. Die Kenntnisse, die ich erlangte, machten es mir möglich, beträchtlich über hundert Geschichten zu schreiben, in denen Eingeborene die Hauptrolle spielen. Denn das ist eine Tatsache, an die man sich erinnern muss, dass die Eingeborenen des afrikanischen Hinterlandes, ob sie nun unter englischer, deutscher oder französischer Herrschaft stehen, sehr wenig untereinander verschieden sind.

Ich hatte kaum meinen Fuß in das Land gesetzt, als ich auch schon die Strafe für meine Kühnheit, bei Sonnenuntergang ohne Moskitostiefel zu erscheinen, bezahlen musste. Ich erwachte am nächsten Morgen mit einem geschwollenen Knöchel, und vierzehn Tage später, auf die Stunde genau, legte ich mich mit einem Anfall von Schwarzwasserfieber zu Bett. Die Missionare brachten mich rasch nach Bongindanga, wo das Land hügelig wird. In Verbindung mit diesem Besuch habe ich eine lebhafte Erinnerung an ein sehr unwahrscheinliches Buch – »Klein Dorrit«. Ich habe bis auf den heutigen Tag »Klein Dorrit« nicht gelesen. Ich war halb mit der Geschichte durch und lag als Rekonvaleszent auf einem Deckstuhl unter dem Sonnensegel, als 43 Schwarze aus dem Urwald mit einem Eisenrindenkanu an Bord des Schiffes kommen wollten und gegen die Bordwand stießen. Das Kanu kenterte und von den 43 Insassen wurden nur zwei gerettet. Vor mir steht noch lebhaft die Erinnerung, wie ich diese ertrinkenden Leute beobachtete. Ich ließ mir nicht träumen, dass sie nicht schwimmen konnten, denn die Leute an den Flussufern sind im Wasser ebenso zu Hause wie das Krokodil. Tatsächlich amüsierte ich mich über ihre Grimassen; und ich dachte, sie gäben eine kleine Vorstellung zu meinem Vergnügen, da die Kannibalen einen großen Sinn für Humor haben. Ich weiß noch die Seite und die Zeile, wo ich aufgehört habe, in »Klein Dorrit« zu lesen. Ich habe das Buch niemals wieder angerührt.

Bongindanga und der Wald ringsum wird allgemein als die Heimat des Okapi, jenes scheuen Tieres betrachtet, das bis vor wenigen Jahren als Mythe angesehen wurde. Ich machte mich mit einer Mannlicher-Büchse wohl ein halbes Dutzend Mal auf den Weg; aber obwohl ich auf die Fußspur des Tieres stieß und einmal glaubte, sogar seine Haut schimmern zu sehen, hatte ich doch niemals das Glück, ein Exemplar zu erbeuten. Dass es ziemlich häufig um Bongindanga herum anzutreffen ist, beweist der Umstand, dass Streifen seiner Haut dort leicht erhältlich sind. Bis vor Kurzem besaß ich ein Elefantenmesser, dessen Lederschlinge unzweifelhaft aus Okapihaut bestand. Auf dieser kleinen Missionsstation machte ich auch Bekanntschaft mit der Wanderameise.

Als ich die Küste auf- und abfuhr, ehe ich das Kongo-Gebiet betrat, sprach ich britische Beamte und erfuhr von ihnen die Sagen über die alten Kolonialbeamten: von jenem Beamten, der in Grand Bassam drei Missetäter mit eigener Hand aufhing; von sonderbaren und unheimlichen Palavern, die im Busch gehalten wurden, von Zauberdoktoren, Ju-Jus und Fetischen; von Liberia und seinen englischsprechenden Schwarzen; von dem sonderbaren Sklavenvolk von Angola, das noch für eine Flasche Kunst-Rum gekauft und verkauft wird. In der Tat – ich heimste eine Unmenge von Wissen und Erfahrungen ein, die ich niemals aufbrauchen werde.

Ich kam nach England zurück, um zu meinem Schrecken zu erfahren, dass ich vor meiner Abreise nach Afrika einen Seeoffizier verleumdet hatte, der eine erfolgreiche Klage gegen die »Daily Mail« anstrengte und einen Schadenersatz von 5.000 Pfund Sterling zugesprochen erhielt. Ich befand mich gänzlich im Unrecht. Ich hatte einen Bericht über eine Marinemeuterei von Portsmouth aus eingesandt, ohne die Tatsachen sorgfältig festzustellen, ehe ich den Bericht abfasste. Ich glaube, ich bin der einzige Mann, der jemals aus der »Daily Mail« hinausgeworfen wurde. Alle anderen ehemaligen Mitglieder der Redaktion gingen von selbst.

◆

13.

Ich möchte mich hier mit einer Sache beschäftigen, in deren Beurteilung ich als Autorität angesehen werde; da es sich um Verbrecher handelt, möchte ich von mir aus keinen Anspruch darauf erheben.

In Wirklichkeit gibt es keine Bücher über den Verbrecher, die denjenigen in irgendeiner Weise nützlich sind, die ein wissenschaftliches Interesse am Verbrechen nehmen. Lombroso schrieb nur ein Buch, das keinen Pfifferling wert ist, und im Allgemeinen gesprochen, beschränkte die italienische Anthropologenschule ihre Forschungen in diesem Wissenszweig nur auf unbedeutende und trügerische Messungen und auf Tabularisierung, auf die Aufstellung von Tafeln. Es mag interessant sein zu wissen, dass die Mehrzahl der Mörder asymmetrische Gesichter besitzt, aber die haben auch Leute, die keine Mörder sind. Es ist eine Tatsache, dass man selten normale Gesichter auf der Anklagebank von Old Bailey sieht, aber eine Prüfung des Gerichtshofes, wo hervorragende Rechtsgelehrte sitzen, enthüllt uns die gleichen Abnormitäten.

Um den Verbrecher zu verstehen, muss man ihn kennen und entweder Verständnis für sein Verbrechen haben oder solches heucheln. Man muss einen Augenblick des Vertrauens bei ihm wahrnehmen, in dem er sich nicht aufspielt oder nicht lügt, um jemanden zu beeinflussen. Es ist tatsächlich notwendig, dass er den Betreffenden selbst für verbrecherisch veranlagt hält. Unter gewissen Voraussetzungen sprechen Verbrecher sehr offen. Es ist noch nicht allzu lange her, da wurde ein scheußlicher Mord in einem Landstädtchen begangen. Und einem Auch-Journalisten, der ein gewisses Blatt mit Sensationsnachrichten versah, kam der Gedanke, dass es doch eine großartige Idee wäre, wenn er ein Geständnis erlangte, wie dieser Mord begangen, wenn er ein Geständnis erlangte, wie dieser Mord begangen wurde. Mit Unterstützung einer gewissenlosen Person, die Zutritt zu dem Gefangenen hatte, machte er diesem folgendes Anerbieten: Er würde den Verteidiger des Gefangenen bezahlen, obwohl das Ergebnis der Untersuchung ein im Voraus angenommener Schluss war, außerdem würde er ihm während der Untersuchungshaft Essen von außerhalb beschaffen, wenn der Gefangene die Geschichte des Mordes nach draußen schmuggeln würde.

Der Mörder, ein Mann von tiefstehender geistiger Veranlagung, ging darauf ein. Die Geschichte des Mordes gelangte stückweise nach draußen, und als Gegenleistung wurde der Advokat zur Verteidigung gestellt.

Am Tag der Verhandlung war der Sensationsjäger im Besitz der größten und sensationellsten Geschichte, die jemals veröffentlicht wurde; er hatte nur noch auf das Urteil zu warten, um das Geständnis zu veröffentlichen. Aber der Verteidiger war so beredt, dass der Mann freigesprochen wurde! Und heute befindet sich in dem Büro einer Provinzzeitung das unverwertbare Geständnis eines Mörders, während der Schuft, der den Mord beging, sich in Freiheit befindet. Ich sah ihn vor zwei Jahren in der Nähe von Marble Arch.

Parallel mit den Vorgängen, die ich eben geschildert habe, lief meine ziemlich interessante Bekanntschaft mit der Verbrecherklasse. Nur während meiner Militärzeit verlor ich die Fühlung mit ihnen, aber während meiner Jünglingszeit bis zu meiner Gestellung und wieder von 1902 an, habe ich Verbrecher gesprochen, habe sie bis zu einem gewissen Grad studiert und habe vielleicht eine bessere Kenntnis von ihnen als irgendjemand, ausgenommen »die höheren Kommandostellen« von Scottland Yard.

Im Großen und Ganzen genommen gibt es drei Klassen von Verbrechern:

Verbrecher durch Gelegenheit,
Verbrecher aus wirklicher oder eingebildeter Notwendigkeit,
Verbrecher aus freier Entschließung.

Das Motiv, sich eine gute Zeit zu verschaffen, spielt hauptsächlich bei den ersten beiden Klassen eine Rolle. Das heißt, diese Menschen begehen eine verbrecherische Handlung aus dem Gedanken heraus, sich Geld zu verschaffen, sich amüsieren zu können.

Zur zweiten Kategorie gehören die meisten Mörder, und es mag betont werden, dass sehr wenige, die unter die erste oder zweite Kategorie fallen, Verbrecher im strengsten Sinne des Wortes sind.

Zu der ersten Kategorie gehören die »Mauser«, die Briefmarkendiebe, die Leute, die Briefe öffnen und deren Inhalt herausholen, die Dinge stehlen, die ihrer Obhut anvertraut sind, oder die sich in Vertrauensstellungen befinden. In der zweiten Klasse befinden sich jene, die sich entweder eine Gelegenheit schaffen oder eine solche ergreifen, um sich eine »gute Zeit« zu verschaffen.

Die ersten beiden Klassen sind darin bemerkenswert, dass sie sich niemals vorstellen, dass ihre Handlung entdeckt werden könnte. Es sind gewöhnlich sichere Stehler, die niemals Entdeckung in Betracht ziehen oder die niemals Vorkehrungen gegen Entdeckung treffen. Sie haben vollkommenes Vertrauen, dass die Geschicklichkeit, mit der das Vergehen ausgeführt wurde, dass der Umstand, dabei nicht beobachtet worden zu sein, die Gewissheit, dass der Verdacht sich auf viele verteilt, die Gefahr für sie auf ein Minimum herabsetzt. Und das ist der Grund, warum ich die meisten Mörder zu dieser Kategorie zähle.

Menschen vom Crippen-, Seddon-Armstrong-Typ, also Menschen, die, was Erziehung und Weltkenntnis anbelangt, über dem Durchschnitt stehen, begegnen Nachforschungen mit dem größten Selbstvertrauen. Sie sind sich ihrer geistigen Überlegenheit über die bewusst, deren Pflicht es ist, sie der Gerechtigkeit zu überliefern, oder über die mit der Untersuchung Betrauten, sollte eine solche jemals stattfinden.

Gauner im großen Maßstab besitzen dieselbe geistige Einstellung. Aber wie ich bereits sagte, diese Menschen sind nicht Verbrecher im strengsten Sinne. Sie haben ihr Leben nicht in verbrecherischer Tätigkeit verbracht. Nur etwa zehn Prozent der überführten Mörder sind Vorbestrafte, und die Mehrzahl der übrigen 90 Prozent sind Männer und Frauen, die ihr Leben ziemlich tadellos verbracht haben, bis auf die Vergehen, derentwillen sie angeklagt sind.

Meine erste Bekanntschaft mit dem Verbrecher begann in Canning Town in der Star Music Hall. Hier traf ich zwei junge Männer, die nach ihren eigenen Aussagen ein ziemlich anständiges Dasein durch das Bestehlen von Ladenkassen bei kleinen Händlern herausschlugen. Sie fragten mich, ob ich mich daran beteiligen wolle; sie brauchten einen dritten Teilnehmer, denn sie trugen sich mit ehrgeizigen Plänen, die eine Reihe von West End-Räubereien umfassten. Ich sollte mit Stutzeranzug versehen werden und mich an verschiedene Kassiererinnen heranmachen. Dieses Anerbieten machten sie mir nach meinem dritten Zusammentreffen mit ihnen. Die ganze Angelegenheit wurde in durchaus geschäftsmäßiger Weise erörtert. Sie trugen mir auch nichts nach, als ich ihr Anerbieten zurückwies.

Ich war neugierig genug, dem Geschäftshaus, das für den Angriff ausgesucht war, einen Besuch abzustatten, um mir die junge Dame einmal anzusehen, an die ich mich »heranmachen« sollte (mit anderen Worten: der ich schmeichelhafte Aufmerksamkeiten erweisen sollte). Sie war ein 15-jähriges Mädel und ich verstand nun, warum ein Mensch von meinem jugendlichen Alter gewählt werden sollte. Die Beraubung wurde ausgeführt und beide Männer verhaftet, während ich mich noch in Canning Town befand. Jahre später sah ich einen von ihnen in Old Bailey wegen Ermordung einer alten Frau zum Tode verurteilt.

Bald danach und ich glaube als Resultat dieser Bekanntschaft, gewann ich das Vertrauen eines führenden Leiterdiebes, der ebenfalls in Canning Town beheimatet war. Er arbeitete mit zwei anderen zusammen und war der beste Künstler in diesem Fach. Der Leiterdieb ist später unter der Bezeichnung »Katzeneinbrecher« verherrlicht worden, und es gibt eine ganze Anzahl naiver Leute, die glauben, diese Art Verbrechen sei eine Folge des Krieges. Die Arbeitsweise des Leitermannes ist sehr einfach. Er und zwei seiner Komplizen beobachten ein Landhaus, und wenn die Familie beim Essen ist, legt er eine in der Nähe befindliche Leiter an die Fenster des Schlafzimmers, klettert hinauf, sammelt alles, was er finden kann, nachdem er das Schlafzimmer abgeschlossen hat, um sich vor Beobachtung zu schützen, und tritt eiligst den Rückweg an.

Keiner der Leiterdiebe war ein Einbrecher im strengen Sinn des Wortes. Es ist eine merkwürdige Tatsache, dass Einbrecher gewöhnlich vom Erdgeschoss aus arbeiten und der Leiterdieb seine Arbeit vom ersten Stock aus verrichtet.

Die meisten Verbrecher beschränken sich absichtlich auf die Ausübung ihres Spezialfaches. Es mag vereinzelte Beispiele geben, wo Leiterdiebe als Taschendiebe arbeiten, aber mir ist ein solcher Fall nicht zur Kenntnis gekommen. Die Bande, die Taschendiebstähle verübt, tut wenig anderes, bis sie zu alt wird, um schnell laufen zu können, oder zu plump, um unterzutauchen. Sie arbeiten immer in Gemeinschaften von zwei oder drei, und gewöhnlich ist einer davon der »Hüter«, dessen Amt es ist, den Mann oder die Frau, die den Verlust entdecken, zu misshandeln, um sie an der Verfolgung zu hindern.

Die meisten Taschendiebe nehmen bei ihrer Entdeckung gern das an, was sie für die Sprechweise und das Verhalten eines Gentlemans halten. Ihre Entrüstung macht Eindruck. Sie reden von ihrem Advokaten und deuten verschleiert auf Verklagen wegen Freiheitsberaubung. Bill H., der in jedem Fach arbeitet und eine Ausnahme von der Regel ist, denn er ist beides, ein Taschendieb, Einbrecher und Gepäckdieb, stahl einmal einem Offizier eine Uhr, während er neben ihm durch Whitehall fuhr. Als er aufstand, um abzusteigen, wurde der Verlust bemerkt, der Omnibus wurde angehalten und ein Polizist herbeigeholt. Bills Auftreten und Zorn beeindruckte den Schutzmann derartig, dass dieser Bill beinahe hätte laufen lassen, aber schließlich nahm er ihn doch mit sich nach der nahegelegenen Cannon Row Police Station. Dort wurde Bill durchsucht. Es wurde nichts bei ihm gefunden und aus sehr gutem Grund. In einer Sekunde, während welcher er nicht beobachtet wurde, ließ er die Uhr zwischen seinen weichen Kragen und seine Kehle gleiten; aber es war eine laut tickende Uhr, und Bill war gezwungen, die ganze Zeit über zu sprechen, aus Furcht, der Schutzmann könnte den verräterischen Laut hören. Auf der Station war Bill natürlich bekannt und er wurde als verdächtige Person in die Zelle gesteckt; und obwohl die Uhr aus der Zelle geschmuggelt worden war, wurde er doch schließlich überführt.

William ist der Typ eines Gewohnheitsverbrechers, nicht im strengen Sinne des Gesetzes, obwohl er mehr als einmal gesessen hat. Der wirkliche Verbrecher kann nicht gebessert werden. Er mag für seine Arbeit zu alt sein, er mag möglicherweise einen heftigen Anfall von Religiosität bekommen, aber während der Periode seiner geistigen und körperlichen Betätigungsfähigkeit ist es unmöglich, ihn dahinzubringen, ehrlich zu denken. Gefängnis ist mehr eine auf »das Spiel« gesetzte Strafe, die er mit philosophischer Ruhe hinnimmt. Heutzutage, wo Gefängnisstrafen durch Konzertveranstaltungen und drahtlose Konzerte erleichtert werden, wo dem Gefangenen Verkehr mit seinesgleichen gestattet wird und in gewissen Gefängnissen sogar zu rauchen erlaubt ist, geht die Zeit schneller vorüber als ehemals; aber die Wirkung ist gleich Null.

Gefängnis erfüllt nur die nicht verbrecherischen Klassen mit der Furcht Gottes. Für die Verbrecher aus Absicht ist es nur ein anderes Heim. Es gibt Richter, deren Meinung darüber geteilt ist, ob lange oder kurze Freiheitsstrafen einen bessernden Einfluss haben. Aber die Länge der Freiheitsentziehung hat wenig zu sagen. Das einzige Mittel, die Anzahl der Männer zu halbieren oder zu vierteilen, die Jahr um Jahr in das Gefängnis hinein- und aus dem Gefängnis herauswandern, ist die Änderung des Gefängnissystems. Solange das Gefängnis nicht in Wirklichkeit ein fürchterlicher Ort ist, gegen den sich der entlassene Gefangene faustschüttelnd wendet, wird man nur eine kleine oder gar keine Abnahme der Berufsverbrecher erzielen. Ein einziger Monat jener Behandlung, die ich im Militärgefängnis zu Aldershot erfuhr, würde das stärkste Herz brechen und es sich einen Mann dreimal überlegen lassen, ehe er sein altes Metier ehrlicher Arbeit vorzöge.

Als ich vor etwa fünf bis sechs Jahren das Exeter Jail besuchte, sah ich einen Mann, der noch nicht 40 Jahre alt und über vierzigmal Insasse dieses Hauses gewesen war. Es gibt Vagabunden, die es zu ihrer regelmäßigen Gewohnheit gemacht haben, jeden Winter etwas zu begehen, wofür sie ins Gefängnis geschickt werden, um dort kalten Monate überwintern zu können. Sie ziehen das dem Arbeitshaus vor; eine Tatsache, zu der ein Kommentar überflüssig ist.

Dem geschicktesten Taschendieb begegnete ich in Kapstadt. Eigentlich war er bei dem größten Hehler Kapstadts, einem Juwelier und Pfandleiher in großem Stil, angestellt. Er streifte an mich, hatte in dem Bruchteil einer Sekunde meine Uhr von einer Ledersicherung gelöst und zu gleicher Zeit mein Taschenbuch aus meiner Hüftentasche gezogen. Ich habe eine derartige Geschicklichkeit niemals wiedergesehen. Später erleichterte er einen Passagier eines einlaufenden Postdampfers um ungefähr 600 Pfund Sterling, und da er es unterließ, seinen Arbeitgeber von diesem »Fund« zu unterrichten, wurde er von diesem Gentleman aufgrund eines erdichteten Vorwandes angezeigt und zu Zwangsarbeit an der Hafenmole geschickt. Bei dieser Beschäftigung starb er.

Ein anderer Kapstädter Verbrecher, dessen Spezialität es war, den Vermittler zwischen Dieben ungeschliffener Diamanten und einem Antwerpener Hehler zu spielen, war wahrscheinlich der reichste Verbrecher, den die Welt je gekannt hat. Ich hatte von seinem fragwürdigen Beruf keine Ahnung, bis er sich schnell von einem australischen Schiff aus dem Staub machte. Er lebt noch und, dem Anschein nach, sehr glücklich.

Einem anderen U. D. R. (unerlaubter Diamantenkäufer) gelang es, mit einer Brieftasche voll ungeschliffener Diamanten das Kap zu verlassen. Als er nach London kam, hatte er nicht den Mut, sie zu verkaufen. Später kam ihm die ausgezeichnete Idee, nach Amsterdam zu gehen und dort das Diamantenschleifen zu lernen. Sieben Jahre, nachdem er in den unrechtmäßigen Besitz der Steine gelangt war, gelang es ihm, den ersten davon zu verkaufen; aber in der

Zwischenzeit verhungerte er beinahe – mit 100.000 Pfund Sterling Wert dieser strahlenden Dinger in seinem Koffer.

Unerlaubter Diamantenkauf ist keines der romantischen Verbrechen der Vergangenheit. Er wird noch jetzt betrieben, und trotz der drakonischen Gesetze des Kaps wird er noch weiter ausgeübt werden, solange dort Diamanten gestohlen werden.

Über dem Ursprung des Dauerverbrechers (ich wende diese Bezeichnung lieber an, als den Ausdruck Gewohnheitsverbrecher, der eine besondere Bedeutung im Sinne des Gesetzes hat) liegt etwas Geheimnisvolles.

Er bezieht seinen Ersatz stets aus Klasse eins und zwei, und es ist vollkommen richtig, dass Einbrüche und die Riesenverbrechen, von denen die Geschichten der Romanschreiber erzählen, nicht im Gefängnis ausgeheckt werden, dass sich aber der junge Zufallsverbrecher, sobald er sich in der Gesellschaft von Fachleuten in dieser Hinsicht befindet, zu ihnen hingezogen fühlt. Er ist vielleicht mit dem Gefühl innerster Scham über sich und niedergedrückt von dem Bewusstsein seines verabscheuungswürdigen Betrages ins Gefängnis gekommen. Die Haltung seiner Freunde und Verwandten ihm gegenüber und die Scham und die Schmach seiner Überführung hat diese Gefühle in ihn hineingehämmert. Es ist nur menschlich, dass er eine Entschuldigung seines Handelns zu finden bestrebt ist. Im Gefängnis wird er bei einer Klasse eingeführt, die seine Handlung überhaupt nicht als Verbrechen ansieht. Er wird in den alten Verbrechern stets eine mitfühlende Zuhörerschaft finden, und allmählich bewegt sich sein Urteil in einer schiefen Richtung. Er lernt, dass das einzige Verbrechen, das er begangen hat, war, erwischt zu werden. Er verlässt das Gefängnis allzu bereit, sich an einem neuen und gefährlichen Spiel zu beteiligen.

Die Gefängnisverbesserer werden sagen, dass Anfänger im Verbrechen sich niemals mit den alten Verbrechern abgeben. Theoretisch mag das zutreffen, in Wirklichkeit wird nichts den Verkehr verhindern, es sei denn, dass man die einmal Gefallenen in einem besonderen Gefängnis unterbringt.

Ich muss bekennen, dass ich niemals einen klugen Verbrecher kennengelernt habe. Die große Mehrheit war unwissend und besaß ein schlechtes Schulzeugnis. Nicht wenige stehen an der Grenzlinie der Verblödung. Ebenso wenig habe ich einen Verbrecher getroffen, der nicht eitel wie ein Pfau auf irgendeine seiner Eigenschaften war; noch bin ich einem Verbrecher begegnet, der nicht ein ungeheuerlicher Lügner gewesen wäre. Der erste moralische Sinn, der in einem Dauerverbrecher verkümmert, ist der Sinn für Wahrheit. Und wenn man diese Hypothese umkehrt, kann man keinen Irrtum begehen, wenn man sagt, dass ein Mensch, der nicht in den Händen der Polizei gewesen ist, der aber lügt, um der Freude am Lügen willen, auch imstande ist, das Gesetz zu brechen, und das Gesetz auch früher oder später brechen wird. Die feste Bereitschaft zu lügen, ist nach meiner Meinung das unvermeidliche Kennzeichen eines untilgbaren »Sinnes« für Ehrlosigkeit. Ich spreche nicht von Kindern, die gehobene Romanciers sind, sondern von Personen, die sich in ihrer Entwicklung zur Reife befinden, und ich rede natürlich von dem, was wir unnötiges Lügen nennen.

Es gibt eine Art Eitelkeit beim Verbrecher, die ihn von kleineren Vergehen abhält und ihn anspornt, größere Verbrechen zu begehen. Crippen würde nicht stehlen, aber er würde seine Frau ermorden und behaupten, sie hätte ihn verlassen, ehe er selber von ihr fortliefe und dafür das Urteil der Welt auf sich nehmen würde.

Seddon ermordete eine Frau, weil er die Schande fürchtete, die über sein Heim kommen würde, wenn man entdeckte, dass er sie um ihre Ersparnisse betrogen habe. Mahon war das erstaunliche Beispiel verbrecherischer Eitelkeit. Ebenso war es Thorne. Beide mordeten aus Eitelkeit.

Nebenbei, die Klassen der wirklichen Verbrecher haben einen Abscheu davor, einen Mord zu begehen, und treten am eifrigsten für dessen drakonische Bestrafung ein. Ich habe niemals einen alten Gefängnisvogel gesprochen, der nicht für das Hängen gewesen wäre. Und wenn man eine Abstimmung in irgendeinem der großen Zuchthäuser vornehmen würde, würde man eine überwältigende Mehrheit vorfinden, die für die Todesstrafe eintreten würde. Ausgenommen für die Todesstrafe bei Frauen, deren geistigen Zustand der Verbrecher für sehr niedrig einschätzt.

Gerade als ich nach Johannesburg ging, wurde in Standerton durch den griechischen Steward des Offizierskasinos ein Mord begangen. Er erschoss aus Rachsucht einen jüdischen Ladenbesitzer, der ihn wegen Verkaufes unverzollten Tabaks angezeigt hatte. Ich befand mich in der Nacht des Mordes im Kasino. Der Grieche, dessen Name glaube ich Poropulos war, ging während des Essens aus der Messe, begab sich zu dem Laden des Juden, erschoss diesen und kam in den Speisesaal zurück, nachdem er sich nur einen Augenblick aufgehalten hatte, um seine Schuhe zu wechseln. Diese Handlung führte sein Unglück herbei, denn ein halbbetrunkener Leutnant bemerkte den Umstand, und auf seine Aussage hin wurde der Mann verhaftet, in Johannesburg verhört und zum Tode verurteilt.

Ich hatte einen Schwatz mit Poropulos während seiner Untersuchungshaft. Er erhob Anspruch und ich habe keinen Beweis des Gegenteils gehört, ein ehrlicher Mann zu sein, abgesehen von seinem kleinen Vergehen, Tabak aus dem Zolllager verkauft zu haben. Eine Entrüstung richtete sich vor allem gegen ein Gesetz, das ihn zu bestrafen beabsichtigte, »weil er den größten Dieb in ganz Transvaal getötet hätte.« Poropulos bestieg lächelnd das Schafott, und als er aufgefordert wurde, seine Schuld zuzugeben, versprach er, das zu tun, wenn man ihm eine Zigarette geben würde. Er stand auf der Falltür, den Strick um den Hals, und rauchte ruhig seine Zigarette bis auf den letzten halben Zoll. Dann spuckte er das Ende aus.

»Bekennen Sie sich schuldig, Poropulos?«, fragte der Kaplan.

Poropulos sah ruhig von einer der ihn umgebenden Gruppe zur anderen. Dann huschte ein Lächeln über sein Gesicht.

»Ihr könnt euch alle zur Hölle scheren!«, sagte er.

In diesem Augenblick ließ ihn der Henker fallen.

Ein Seitenstück dazu bildete Landrus Hinrichtung. Nachdem man Landru vom Gefängnis an den Fuß der Guillotine geführt hatte, umarmte ihn sein anwesender Verteidiger und küsste ihn.

»Ich habe mein Bestes für Sie getan, Landru«, begann er, »wollen Sie mir nicht sagen, … haben Sie diese Frauen getötet?«

Landru lächelte. »Lieber Meister«, antwortete er ruhig, »ich gehe auf eine lange Reise und habe nur dieses wenige Gepäck. Erlauben Sie schon, dass ich es mit mir nehme!«

Die englische Polizei würde niemals imstande sein, es mit dem Verbrecher aufzunehmen, wenn es nicht um seine Dummheit und seine Gewohnheit, sich zu spezialisieren, wäre. Nimmt man hierzu noch die »Nase« oder den Polizeispitzel, der stets bereit ist, seinen besten Freund um einer Zehn-Schilling-Banknote willen zu verraten, so rückt die Möglichkeit für den Verbrecher, der Entdeckung zu entgehen, in sehr weite Ferne.

Zwischen der Polizei und den Dauerverbrechern herrscht übrigens ein ausgezeichnetes Verhältnis, das fast an Kameradschaftlichkeit grenzt.

Unlängst holte ein Detektivinspektor einen alten Verbrecher heran.

»In dieser und dieser Straße ist ein Einbruch geschehen. Was wissen Sie davon, Jim?«

Der Befragte wurde rot vor Entrüstung.

»Was meinen Sie damit? Ich wohne doch selber in jenem Bezirk. Glauben Sie, ich würde mir etwas gegen Ihr Manor herausnehmen?«

»Manor« ist ein wunderlicher, von Polizei wie vom Dieb gebrauchter Ausdruck, um einen gewissen Bezirk zu bezeichnen; und es ist eine Tatsache, dass der bekannte Durchschnittsverbrecher niemals ein Verbrechen in dem Sprengel begehen wird, in dem er wohnt. Das würde als eine persönliche Beleidigung des Detektivinspektors dieses Bezirkes angesehen werden.

Ich habe gesehen, wie ein Detektiv in eine West End-Bar schlenderte, einen schnellen Blick auf die Gesellschaft warf, einen davon zu sich heranwinkte und vorwurfsvoll sagte: »Mach', dass du aus meinem Bezirk rauskommst, Joe!« Und da Joe ein weiser Mann war, gehorchte er augenblicklich.

Laien haben für gewöhnlich die Idee, dass die Polizei den Verbrecher in den Abgrund hetzt; sie tut aber nichts Derartiges. Ein Detektiv geht einem Mann, der es einmal mit Ehrlichkeit versuchen will, aus dem Weg, um ihm zu helfen. Allerdings existiert da ein gewisses Geben und Nehmen. Die Polizei nimmt nicht jeden Mann fest, den sie für schuldig hält, und ein Mann, der angeklagt wird, eine verdächtige Person zu sein, und herumhängt, um ein Verbrechen zu begehen, hat gewöhnlich schon von der Polizei eine Warnung erhalten und hat es nur sich selbst zuzuschreiben, wenn er in Unangelegenheiten gerät.

Es ist ebenso wahr, dass die Polizei ein verständnisvoll mildes Auge für kleine Vergehen hat. Aber wehe denen, die, durch diese Duldung ermutigt, ihre Tätigkeit erweitern.

Ein alter Verbrecher, den ich kannte, als ich in Notting Hill wohnte, und der mich einmal mit größter Kaltblütigkeit zu einem Spaziergang durch verschiedene Hehlerläden mitnahm, erzählte mir von der längsten Haft, die er seiner eigenen Torheit zu verdanken hatte.

»Ich machte in kleinem Maß falsche halbe Dollars und ›pflanzte‹ sie in der Umgebung von Camden Town«, begann er. »Kommt da ein Kerl vom Yard und sagt zu mir: ›Bill, ich warne dich.‹ Natürlich sagte ich, ich wüsste nicht, worüber er redete, und gab ihm 'nen Haufen dumme Antworten, weil er sich um mich kümmere, wenn ich versuchte, ein ehrliches Dasein herauszuschlagen. Einen Monat später hatten sie mich, und jetzt brachten sie alle Klagen der Welt gegen mich vor. Der Polizist, der gegen mich in Old Bailey aussagte, konnte sich in Anklagen nicht genug tun und nicht schlecht genug gegen mich aussagen. Wenn sie gekonnt hätten, hätten sie mich gehängt. Hätte ich damals die Warnung beherzigt und wäre ich später auch wirklich wegen etwas anderem gepackt worden, dann würden sie geschildert haben, wie ich versucht hätte, Arbeit zu bekommen, und ich wäre mit 18 Monaten davongekommen. Nee! Man muss sich niemals Freiheiten erlauben.«

Ich fühle keine Sympathie mit Verbrechern, nicht einmal eine versteckte Sympathie. Sie sind weniger interessant als Wahnsinnige und weniger romantisch als Gossenreiniger. Ihr Leben ist grau und hässlich und muffig, und die Mehrzahl von ihnen kommt auf abschüssige Bahn, weil sie zu faul oder zu dumm ist, auf ehrliche Weise ihr Brot zu verdienen. Diejenigen, die einen gewissen Grad von Erziehung und Intelligenz besitzen, sind in der Regel unfassbar schlecht in anderer Beziehung. Überdies sind sie immer mittellos.

1. Falschspieler. Hatte vor dem Krieg eine Offiziersstelle inne. Bigamist, hat aber jetzt noch schlimmeren Ruf. Schwer verschuldet. Nur einmal vorbestraft.

2. Ein Betrüger von Übersee. Zwei Zuchthausstrafen. Falschspieler, Vertrauensmann für Verbrecher. Schlechter moralischer Ruf. Wird augenblicklich wegen falscher Schecks gesucht.

3. Juwelen- und Hoteldieb. Mehrere Male verurteilt. Schlechter moralischer Ruf. Wurde verurteilt, weil er sich von Dirnen unterhalten lässt. Lebt im Verborgenen, um Gläubigern nicht zu begegnen.

4. Gepäckdieb. Der Bigamie verdächtig. Mehrere Vorstrafen. Mittellos.

5. Juwelendieb. Hehler und Falschspieler (Universität besucht). Handelt mit Kokain usw. Lebt von »Weibern«. Verfügt über einige Mittel.

6. Hehler und Jargoon-(Simili-)Verkäufer. Sehr schlimmer moralischer Ruf. Mehrere Vorstrafen. Bankrott.

Diese Leute haben nichts von Raffles an sich und sie sind typisch für die Übrigen.

Ein »Jargoon« ist ein weißer Saphir, gewöhnlich in einen einfachen Goldring gefasst. Der »Operateur« schließt Bekanntschaft mit einem wahrscheinlichen Opfer und zeigt ihm einen echten Diamantenring, den er, wie er sagt, für 60 Pfund Sterling gekauft hat.

»Diamantringe nützen mir nichts. Wollen Sie ihn kaufen?«

Das Opfer scheut sich etwas, Diamantringe von zufälligen Bekanntschaften zu kaufen.

»Nehmen Sie ihn nur mit nach Hause …! Zeigen Sie ihn irgendeinem Juwelier, den Sie wollen. Wenn er nicht sein Geld wert ist, kaufen Sie ihn nicht!«, sagt der Verkäufer, und gewöhnlich nimmt der Einfältige den Ring und zeigt ihn bei der nächsten Gelegenheit einem Juwelier.

»Der ist echt genug«, sagt der Juwelier. »Das Gold ist neunkarätig, aber der Stein ist hundert Pfund Sterling wert.«

Für den nächsten Tag ist das Stelldichein vereinbart.

»Ich kaufe den Ring«, sagt der Unerfahrene.

»Sie können ihn für 70 haben«, der Verkäufer.

»Sie haben 60 gesagt.«

Der Gauner schüttelt den Kopf. »Ich sagte 70. Nicht einen Penny weniger.«

Damit nimmt er den Ring vom Käufer, spielt mit ihm auf der Innenfläche seiner Hand und vertauscht ihn mit dem Jargoon, mit dem Simili. Noch etwas schachern hin und her und der Ring wechselt seinen Besitzer. Der »Operateur« zieht sich mit 60 Pfund Sterling zurück, der Genarrte trägt den Simili davon, der ungefähr 17 Schilling wert ist.

»Aber sicher kann sogar ein Naiver einen weißen Saphir von einem Diamanten unterscheiden«, wird man sagen. Selbst ein Juwelier kann das nicht mit einem Blick, weil der »Jargoon« behandelt worden ist; er wurde in Silbersand gepackt und in einem Gasofen gebacken. Das gibt ihm das Feuer eines Diamanten – ein Feuer, das zwei bis drei Tage vorhält. Jargoonringe kosten 25 Schillinge pro Stück. In Clerkenwell und in Islingtion pflegte ein Meisterverbrecher zu wohnen, der die Verkäufer finanzierte und sich dafür 50 Prozent vom Gewinn nahm. Ohne den Hehler würde der mittelmäßig begabte Verbrecher nicht existieren können.

Es mag neu für die meisten Leute sein, dass der Hehler die Ausbeute seines Raubes aufkauft, ehe das Verbrechen begangen wird.

»Ich will einen Pelzladen bearbeiten«, sagt der Dieb zum Hehler. »Ich möchte, dass Sie mich begleiten und Ihr Gebot abgeben.«

Der Hehler stattet dem Laden, der beraubt werden soll, einen Besuch ab, kauft einen kleinen Artikel, überfliegt das Lager mit einigen Blicken und stellt einen Preis fest. Er zahlt nicht gemäß dem tatsächlichen Ergebnis der Beute, das er vielleicht nicht zu sehen bekommt, ehe es untergebracht ist, sondern nach dem Verzeichnis der gestohlenen Gegenstände, das in dem »Hue and Cry«, in dem Organ der Polizei, veröffentlicht wird.

Genau ebenso wird es mit den gestohlenen Automobilen gemacht. Der Hehler sieht sich den Wagen an und gibt sein Gebot darauf etwa zehn Minuten vor dem Augenblick ab, in dem der Dieb mit dem Auto davonfährt. Der Hehler hilft der Polizei, denn er ist der gewissenloseste Verräter, vorausgesetzt, dass seine eigene Sicherheit dadurch nicht gefährdet ist, aber früher oder später wird er doch selbst gefasst.

»Warum wird er nicht sofort festgenommen, wenn die Polizei weiß, dass der Mann ein Hehler ist?«, wird man fragen.

Die Aufgabe der Polizei ist eine sehr verwickelte und sehr bedenkliche. Wie ich bereits sagte, beruht sie sehr häufig auf »Geben und Nehmen«, aber immer geschieht das letzten Endes auf Kosten des Verbrechers.

Ich bin vollkommen überzeugt, dass eine beträchtliche Abnahme aller Verbrechen erzielt werden würde, wenn man sich zu einer Abänderung des Strafverfahrens entschließen könnte. Es müsste »Zucht«-Häuser geben, in denen die Strafe kurz und hart ausfällt; in denen innerhalb der Grenzen der Menschlichkeit dem Gefangenen das Leben so unerträglich gemacht wird, dass er es vorzieht, kein Verbrechen niemals wieder zu begehen. Es ist geradezu albern, einen Milchverkäufer, der Unterschlagungen begangen hat, festzusetzen und sein Weib und seine Kinder auf neun Monate des Unterhalts zu berauben, wenn man das gleiche Ergebnis durch 14 Tage oder drei Wochen »Zucht« erreichen könnte. Es sollte niemals gestattet sein, einen Gefangenen an das Gefängnis zu gewöhnen. In vier Fällen von fünf ist die Ernährung und Bequemlichkeit, die ein Gefangener dort findet, besser, als er beides je zuvor gekannt hat. Eine ausgesuchte Bibliothek wird ihm zur Verfügung gestellt, man arrangiert Konzerte zu seinem Vergnügen und er empfängt Besucher, um sich zu unterhalten. Hand in Hand mit diesem »Zucht«-Verfahren sollte ein System des Aufschubs weiter verhängter Urteile gehen. Es ist lächerlich, sagen wir zum Beispiel, einen Postbeamten nach 20 Jahren tadellosen Dienstes wegen Stehlens einiger Briefe ins Gefängnis zu schicken, um ihn dort mit Verbrechern zusammenzubringen. Der Untergang des Mannes ist beschlossen, ehe das Urteil verhängt ist. Schon die Überführung von Amtswegen genügt vollständig, um einen Sturz herbeizuführen. Es hat gar keinen Sinn, ihn noch ins Gefängnis und in Berührung mit hartgesottenen Verbrechern zu bringen.

Für den berufsmäßigen Verbrecher birgt das Gefängnis keine Schrecken. Es ist höchstens eine unvermeidliche Unannehmlichkeit, wie die Masern für ein Kind, eine Kinderkrankheit, die so leicht wie möglich durchgemacht werden muss, ehe der Mann entlassen wird, um sich für den nächsten Strafvollzug zu qualifizieren. Man kann die Pocken nicht ausrotten, indem man gesunde Leute in einem Lazarett isoliert.

Ehe ich diesen Gegenstand verlasse, möchte ich eine Klasse von Dieben erwähnen, die in vieler Hinsicht eine Ausnahme von den übrigen Kollegen bildet. Das sind die in höchstem Grade spezialisierten Banden, die im Jahr ein Dutzend Mal den Ozean hinüber und herüber fahren und den Passagieren beim Kartenspiel das Fell scheren. Sie sind eine Sonderklasse. Im großen Ganzen ist es eine ganz beträchtliche Menge, die Frau und Kinder in angenehmen Lebensverhältnissen hat. Es ist sehr selten, dass einer von ihnen zu Fall kommt. Aus irgendeinem Grund treten die Dampferlinien nur sehr selten als Ankläger auf und beschäftigen nicht einmal Schiffsdetektive, um ihrer Tätigkeit Einhalt zu tun. Diese Männer sind wirtschaftlich veranlagte Gemüter, die Diebstahl zu einer Art Wissenschaft erhoben haben. Ihre Auslagen sind sehr groß, aber sie sind die einzigen Diebe, von denen ich weiß, dass sie planmäßig Geld sparen, und die sich mit einem hinlänglichen Einkommen zur Ruhe setzen. Ich habe eine große Anzahl von dieser Klasse gekannt und wurde einmal, aber nur einmal, um 80 Pfund Sterling »gerupft«. Ich fasste den Schwindel mit philosophischer Ruhe auf, schrieb ein halbes Dutzend Geschichten über diese schmerzliche Episode und schrieb mein Erlebnis auf diese Weise, mir eine hübsche Dividende zu zahlen.

Wenn diese Leute nach London kommen, findet man sich gewöhnlich in den besten Hotels; sie arbeiten selten in West End. Sie wissen sehr wohl, dass Scotland Yard sie kennt und die Polizei, wenn sie ihr Gelegenheit dazu geben, erbarmungslos gegen sie vorgehen würde.

Dieser Gefahr setzen sich diese Herren nicht aus, denn in allererster Linie sind sie Geschäftsleute.

Im Allgemeinen gesprochen, unterscheidet sich der englische Verbrecher von dem jeder anderen Nation. Diebstahl ist nicht von Gewalt begleitet. Der berufsmäßige Revolverheld ist unbekannt und ein Einbrecher meiner Bekanntschaft, der herausfand, dass sein Genosse einen Revolver bei sich trug, ehe sie an die Arbeit gingen, unterbrach sein Unternehmen, um seinem unbedachten Kollegen eine gute Tracht Prügel zu verabreichen. Wenn man in dem Polizeiblatt »Hue and Cry« einen Aufruf liest, dass ein Mann gesucht wird, und dabei der Vermerk »Gefährlich, trägt Feuerwaffen« steht, dann kann man ziemlich sicher sein, dass dieser Mann kein Brite ist.

Die Prügelstrafe hat den Erdrosseler ausgetilgt und Verlängerung und Erschwerung des Strafmaßes haben den bewaffneten Einbrecher zu einer fast erloschenen Spezies gemacht. Es gibt nur eine wirksame Waffe in den Händen des Gesetzes, das mit Verbrechern zu tun hat, und das ist die Waffe des Terrors.

Nebenbei gesagt, sind Einbrecher eine sehr furchtsame Menschenklasse. Ihr dauerndes Alpdrücken besteht in der Vision eines Haushaltungsvorstandes, der ihnen mit einem Revolver entgegentritt. Und es gibt unter hundert Einbrechern nicht einen, dessen ganzes Leben nicht unter dieser schrecklichen Vorstellung leidet.

♦

14.

Die erste »short story«, die ich in London veröffentlichte, beschäftigte sich mit einer Erfahrung, die ich als Zeitungsmensch gemacht hatte – mit der Eisenbahnkatastrophe des Zuges, der damals die Passagiere vom New Porter Dampfer aufnahm. Das Unglück ereignete sich in Sailsbury und ich hatte darüber berichtet. Die Geschichte erschien in dem jetzt eingegangenen »Pall Mall Magazine«. Aber der »Windsor« brachte mir den ersten wirklichen Erfolg und A. M. Hutchinson, der noch immer dieses Magazin leitet, habe ich es zu verdanken, dass ich der Liste der »short story«-Erzähler eingereiht wurde.

Dass die meisten meiner Geschichten sich um gewisse Typen ranken, rührt, glaube ich, daher, weil ich ein so tiefes Interesse an menschlichen Wesen nehme. Symithy – Sanders – Bones – Mr. Reeder – der erzogene Evens – sind alle für mich wirkliche, lebende Menschen – und waren auch solche, ehe sie meine Bekanntschaft machten. Die Technik, die dazugehört, eine kurze Geschichte zu schreiben, ist eine nicht zu leicht erwerbende Kunst. Ich muss wohl ungefähr 100 Geschichten geschrieben haben, ehe ich diese Kunst meisterte.

Sonderbar genug, bei meinem flüchtigen Besuch, den ich London von Südafrika aus machte, hatte ich beschlossen, das Schreiben solcher kurzen Geschichten zu meiner Lebensaufgabe zu machen, und ich beabsichtigte, die höchsten literarischen Autoritäten über diesen Gegenstand zu befragen. Damals, als ich Wesleyaner wurde, war ich ein eifriger Leser des »British Weekly« und ich beschloss, Dr. Robertson Nicoll aufzusuchen. Dieser galt mir als eine fürchterliche Persönlichkeit, und mit zitterndem Herzen schrieb ich ihn an. Ich glaube, er wohnte zu jener Zeit in Hampstead, und ich bat ihn, ich besuchen zu dürfen. Meine Bitte wurde erhört, und mit beträchtlichem Beben ging ich zu dieser Zusammenkunft. Ich kam eine halbe Stunde eher an, als ich bestellt worden war. Ich ging draußen vor dem Haus auf und ab, um die Zeit wegzuweilen, und wurde schließlich vorgelassen. Ich kam in das Empfangszimmer, wo mir sein Sekretär mitteilte, der Doktor schliefe noch und könne mich vor einer halben Stunde nicht empfangen. Ich wurde alleingelassen, um meine zerstreuten Gedanken zu sammeln.

Wenn ich heute auf jenen Tag zurückblicke, verstehe ich nicht, warum mir dieser Besuch solche Sorgen verursachte, oder warum ich der Meinung, die Dr. Nicoll äußern würde, eine solche Wichtigkeit beimaß. Vielleicht war es die Furcht, dass er nach der Lektüre einiger Erzählungen, die ich ihm geschickt hatte, sagen würde, kurze Geschichten lägen mir nicht. Der Angstschweiß brach bei mir aus, und fünf Minuten, bevor die halbe Stunde herum war, schlich ich mich auf den Zehenspitzen aus dem Haus. Ich habe Dr. Robertson Nicoll niemals zu Gesicht bekommen.

Meine Erzählungen, besonders die Kurzgeschichten, verkauften sich immer besser und ich erzielte ein stetiges Einkommen. Ein Jahr verging, dann verband ich mich mit Mr. Edward Hulton, um eine seiner Monatsschriften zu leiten. Der »junge Mr. Edward« war damals schon ein todgeweihter Mann, und obwohl es noch 16 Jahre dauerte, ehe er tatsächlich starb, lag schon während der ganzen Zeit, da ich ihn kannte, etwas von dem fahlen Schein des Todes über ihm.

Es war eine vergnügte Gesellschaft dort, aber sie dauerte nicht lange. Charles Watney, der befähigte Redakteur für Auswärtiges der »Daily Mail«, war zum »Standard« übergegangen und lud mich ein, Berichterstatter des Blattes zu werden. Dort befand ich mich wieder in Gesellschaft H. A. Gwynnes, der jetzt Schriftleiter dieser soliden Zeitung war. E. V. Knox war ein anderes Mitglied des Berichterstatterstabes und ebenso Andrew Soutar.

Deutlich erinnere ich mich an zwei Episoden meiner Zeit beim »Standard«. Die erste war das Begräbnis König Eduards. Den Bericht darüber schrieb ich in der St. Georgs-Kapelle; die zweite Episode war, als man mich nach Ascot schickte, um den Rennbericht über das Rennen um den Königlichen Jagdbecher zu schreiben. Ich hatte eine Freikarte und einen goldenen Souvereign, um meine Ausgaben zu decken. Ich kam mit 1.100 Pfund Sterling in der Tasche und in so gehobener Stimmung über meinen Erfolg beim Wetten zurück, dass ich meine Pflicht als Journalist vergaß. Und nicht eher als um Mitternacht bei Champagner und Porterbier im Presseclub wurde ich dringend daran erinnert, dass ich noch eine Spalte zu schreiben hätte.

Watney hatte bereits die Gründung der von einem bösen Schicksal verfolgten »Evening Post« geplant. Ich wurde deren Redaktionsstab als »Rennredakteur« zugestellt. Pferderennen war stets mein Steckenpferd gewesen, und in welcher Hinsicht wir auch bei der Leitung der »Evening Times« Fehler begangen haben mögen, den vollen Erfolg unserer Rennberichte darf ich, ohne unbescheiden zu sein, für mich in Anspruch nehmen.

Das Blatt war von zwei wohlbekannten Parlamentsmitgliedern finanziert. Eines der beiden war Samuel Scott. John Cowley von der »Daily Mail« war der Geschäftsleiter, dessen eigenes Privatvermögen schließlich zum größten Teil bei dem heroischen Versuch verschlungen wurde, das Blatt über Wasser zu halten. Mister Mallaby-Deely war ebenfalls eine Zeit lang mit der »Evening Times« verknüpft, nahm aber sehr wenig tätigen Anteil an deren Leitung; ebenso wenig hielt er sich verpflichtet, für die Fortdauer dieses Blattes einzutreten.

Der reichere der beiden Gründer entschloss sich in einem sehr ungünstigen Augenblick, seine finanzielle Unterstützung zurückzuziehen. Und da von Sir Samuel nicht erwartet werden konnte, dass er allein die Bürde auf sich nahm, das Blatt zum Erfolg zu bringen, wurde beschlossen, das Blatt dem Redaktionspersonal zu überlassen.

Was der »Evening Times« wirklich das Grab grub, war das Crippen-Geständnis. Wir hatten Verbindung mit einem Individuum angeknüpft, das Zutritt zu Crippen hatte. Crippen war damals wegen der Ermordung von Belle Elmore zum Tode verurteilt. Ich zweifle nicht, dass das Geständnis tatsächlich von diesem Mann gemacht wurde. Wir bezahlten 500 Pfund Sterling für das Recht, Crippens eigenen Bericht bringen zu dürfen, der uns von dritter Seite übermittelt würde. Wir verkauften eine Million jenes Exemplares, in dem dieses »Geständnis« gedruckt wurde. Die Zeitung war kaum auf der Straße, als der Gefängnisdirektor von Pentonville erklärte, dass Crippen niemals irgendwelches Geständnis abgelegt hätte, und diese Erklärung wurde bei der Untersuchung aufrechterhalten.

Darüber, dass Crippen seine Schuld unserem Gewährsmann gegenüber zugegeben und die Einzelheiten des Verbrechens beschrieben hatte, bestand nicht der geringste Zweifel. Aber wir waren in der Lage, unsere Nachrichtenquelle nicht angeben zu dürfen, und monatelang kämpften wir gegen den Misskredit an, in den unser Blatt geraten war. Mit der Neubildung der Gesellschaft wurden alle Gehälter beschnitten, und um die »Evening Times« zu retten, erboten sich die meisten von uns, für eine Bezahlung zu arbeiten, bei der ein Durchschnittsarbeiter die Nase rümpfen würde. Mein Gehalt betrug damals drei Pfund Sterling die Woche.

Wir kämpften Monat um Monat, während Cowley für die Finanzen sorgte. Kein Mensch mit gesunden Sinnen würde es über sich gebracht haben, dem unvermeidlichen Ruin entgegenzusehen, den ein längeres Herausgeben unseres Blattes nach sich gezogen haben würde; so machten wir eines Tages Schluss. Ich weiß nicht, wieviel John Cowley verlor, aber wenn ich jemals ersucht worden wäre, die mutigste Tat zu nennen, die ich erlebt hätte, dann würde ich mich bemühen, Cowley zu beschreiben. Cowley mit einem Scheckbuch und einem Füllfederhalter in der Hand, bemüht, die Festung zu halten.

Die Belagerung der Sidney Street gab uns einen Aufschwung. Meine Arbeit begann jeden Morgen um viereinhalb Uhr, und bei meiner Ankunft im Büro erfuhr ich dann die aufregenden Ereignisse, die in East End vor sich gingen. Ich haftete durch meine Aufgabe, wählte fünf Sieger aus den sechs Rennen, die an jenem Tag stattfinden sollten, nahm einen Wagen und eilte nach der Sidney Street. Es mutete mich an wie in alten Zeiten, als ich dem Klickklack der Gewehre in jener kleinen Durchfahrt zuhörte. Durch einen glücklichen Zufall gelangte ich in ein Haus, das jenem gerade gegenüberlag, in dem die Mörder eingeschlossen waren, und wenn ich ein Gewehr gehabt hätte, hätte ich einen von ihnen zur Strecke bringen können, denn er zeigte sich für einen Augenblick an einem der Fenster.

Ich verließ die Belagerung, um zu einer Versammlung von Rennsportleuten zu gehen. Als ich am Abend zurückkehrte, fand ich das Haus, in dem die toten Mörder lagen, als rauchenden Trümmerhaufen vor.

Wie die folgenden zwei Jahre vergingen, ist mir nur sehr oberflächlich im Gedächtnis haftengeblieben. Das war eine Zeit von Kämpfen, aber keine von großen Ereignissen. Ich habe davon den

Eindruck einer ziemlich bewegten Zeit. Kennedy Jones kam mir zu Hilfe und gab mir die Stelle als zweiter Schriftleiter der »Town Topics«, eines kleinen Wochenblattes, das er für Arthur Binstead oder »Pitcher«, wie er allgemein hieß, finanziert hatte. »Pitcher« war früher bei den »Sporting Times« gewesen. Als John Corlett dieses Blatt verkaufte, entschlossen sich »Pitcher« und seine Kollegen Oberst Newnham-Davis, I. H. Booth und Horatius Lennard mit Kennedy Jones' Unterstützung, eine erträgliche Nachahmung des »Pink« herauszubringen. Aber selbst Kennedy Jones' Genius vermochte nicht, das Blatt hochzubringen, und ich wurde als dessen Leiter in Redaktionsangelegenheiten bestellt, ohne indessen, wie ich glaube, viel zu einem erhöhten Umsatz beigetragen zu haben.

»Pitcher« gehörte zu der alten Journalistenschule und war ein sehr witziger Mann von großer Genialität. Romanos bedeutet für ihn den Mittelpunkt der Welt. Eines Tages, als er die Stufen der »Town Topics«-Räume herunterstieg, begegnete er dem Laufjungen, der auf einem Teller ein Glas Milch und einige Biskuits trug.

»Pitcher« starrte auf den Anblick.

»Wohin geht das?«, fragte er.

»Es ist für Mister Wallace«, sagte der Junge.

»Pitcher« sperrte den Mund auf.

»Mein Gott, ist der denn noch nicht entwöhnt?«, fragte er.

»Pitcher«, Newnham-Davis, dieser brave alte Gentleman, der in den Spielen starb, und Horace Lennard sind hin; drei gute Männer, die ausgezeichnete Arbeit leisteten und in Fleet Street sehr beliebt waren.

Mein Gehalt betrug zehn Pfund Sterling die Woche, als der Weltkrieg hereinbrach und meine Pläne über den Haufen warf. Kennedy Jones beschnitt unsere Gehälter um die Hälfte. Andere Zeitungen, zu denen ich Beiträge lieferte, hörten entweder ganz auf oder schränkten ihren Umfang ein. Ich sagte, der Krieg brach herein, aber für mich tat er das nicht ohne Warnung. In jener unglücklichen Sonntagnacht, als ich in der letzten Ausgabe der »News of the World« die Geschichte von Sarajevo und die Ermordung des österreichischen Thronfolgers las, war es für mich klar wie die Sonne, dass der Krieg unvermeidlich war. Die Wirkung war für mich verhängnisvoll. Verträge wurden einstweilen außer Kraft gesetzt; ein Wochenblatt, für das ich arbeitete, schnitt die Gehälter um die Hälfte und ich war ziemlich über das Alter hinaus, in dem man für Armeedienst in Frage kommt.

Zu dieser Zeit beschloss Charles Hyde (jetzt Baronet) von der »Birmingham Post«, mich zum militärischen Berichterstatter zu ernennen. Kitcheners alter Bannfluch hing noch über mir, aber ich sollte einen täglichen Kommentar zu den kriegerischen Ereignissen schreiben, vorausgesetzt, dass meine Artikel die Zensur passierten. In den vier Jahren des Krieges habe ich eine und eine halbe Million Worte für die »Birmingham Post« geschrieben.

Eine Autobiografie sollte in gehöriger Entfernung vom Heute abschließen. Ich werde wieder arm und wieder reich werden. Aber ob arm oder reich, wenn mich der Herr bei guter Gesundheit erhält, werde ich dankbar für jede neue Erfahrung, für jede neue Lage sein, die das langsam kreisende Leben für mich in Bereitschaft hält. Ich habe mir viele einflussreiche Freunde gewonnen und mir einige – wenige – Feindschaften zugezogen, die ich eines Tages aufklären werde. Und hier bin ich! Zeitungsjunge, Kajütenjunge, Soldat, Journalist, freier Schriftleiter! Was nächstens? Was immer es sein mag, ich wette, es ist interessant.

♦

Zu diesem Buch

Als Meister des Thrillers verstand es Edgar Wallace wie kein anderer, seine Romane nach einem Baukastenprinzip zusammenzusetzen, das Spannung garantierte und einen unheimlichen Gruseleffekt erzeugte. Seine Schriftstellerkarriere gilt als beispiellos und hat ihn zu einem der erfolgreichsten Autoren der Gegenwart werden lassen.

1926 veröffentlichte Wallace seinen autobiografischen Roman »People«, der 1928 von Richard Küas (1861–1943) unter dem Titel »Menschen« ins Deutsche übertragen wurde. Mit seinen autorisierten Übersetzungen kann Küas als wohl bedeutendster Wallace-Übersetzer bezeichnet werden und hat maßgeblich zur großen Popularität des britischen Autors in Deutschland beigetragen.

Diese Ausgabe richtet sich nach Küas' Übersetzung, folgt jedoch den Regeln der neuen deutschen Rechtschreibung und Zeichensetzung. Küas hielt sich weitgehend streng an die Vorlage und übersetzte viele Begriffe für eine Leserschaft ins Deutsche, die in der Regel kein Englisch konnte. An bestimmten Stellen fügte er Erklärungen in Klammern hinzu, die damals ihre absolute Berechtigung hatten. Da das moderne Publikum jedoch inzwischen vertraut mit der englischen Sprache ist, wurden die von Küas eingedeutschten Eigennamen und Fachbegriffe zurück ins Englische übersetzt und nahezu alle Erklärungen in Klammern entfernt.

Das Dativ-e wurde zum großen Teil getilgt sowie einige Ausdrücke behutsam an unseren heutigen Sprachgebrauch angepasst. Küas vertauschte in seiner Ausgabe das 13. mit dem 14. Kapitel, worauf die Neuedition verzichtet, und die Kapitelstruktur der Originalausgabe aufgreift.

Richard Horatio Edgar Wallace (1875–1932) war der uneheliche Sohn eines Schauspielers und wurde nach seiner Geburt zur Adoption freigegeben. Er wuchs bei einer Pflegefamilie im Londoner Stadtteil Greenwich auf und verließ die Schule ohne Schulabschluss. Er schlug sich mit vielen Gelegenheitsjobs durch, wurde Soldat, Journalist und schließlich erfolgreicher kommerzieller Schriftsteller. Als er mit 56 Jahren an einer Lungenentzündung starb, hinterließ er der Nachwelt nicht nur eine beträchtliche Höhe an Spielschulden, sondern ein breites Werk, das etwa 170 Romane umfasst.

Personenverzeichnis

Alfons XIII.
– König von Spanien 130, 135
Arlen, Michael
– englischer Schriftsteller 120
Armstrong, Herbert Rowse
– englischer Anwalt und verurteilter Mörder 110, 149

Baden-Powell, Robert
– britischer Offizier und Gründer der Pfadfinderbewegung 83, 105
Battenberg, Heinrich von
– Gouverneur und Kapitän der Isle of Wright 64
Battenberg, Victoria Eugénie Julia Ena von
– deutsch-britische Prinzessin 130
Bennett, Harry-Curtis
– englischer Rechtsanwalt und Politiker 26
Berry, Dr. 71
Billington, James
– englischer Henker 123
Billington, William
– englischer Henker 123
Binstead, Arthur
– walisischer Journalist und Schriftsteller 172
Booth, I. H. 172
Botha, Louis
– erster Premierminister der Südafrikanischen Union 94, 95
Brown, James (»Jamie«) 5
Bryan, William Jennings
– US-amerikanischer Politiker 117, 118, 124, 125, 126
Burleigh, Bennet
– schottischer Pirat, Spion, Journalist und Kriegsberichterstatter 80, 81, 99
Butler, William Francis
– britischer Offizier und Schriftsteller 68, 72

Caldecott, Marion
– Ehefrau von William Shaw Caldecott 59, 60, 66, 69, 144
Caldecott, William Shaw
– südafrikanischer Kaplan 59, 67
Campbell, John
– Soldat 90, 97
Campbell-Bannerman, Henry
– britischer Politiker und Premierminister 104
Carlos I.
– Karl I., König von Portugal und der Algarve 140
Carrington, Frederick
– britischer Soldat 83

Chamberlain, Joseph
– britischer Staatsmann 71, 103, 104, 117
Churchill, Winston
– britischer Staatsmann und Schriftsteller 11, 80, 81
Cleary, Oberst 53
Clifford, Hugh
– britischer Kolonialgouverneur 117
Corlett, John 172
Courville, Albert de
– englischer Autor und Regisseur 142
Cowley, John 108, 169, 171
Crippen, Hawley
– US-amerikanischer Arzt und verurteilter Mörder 149, 156, 170
Critchton, James
– britischer Soldat 90
Crook, George Holt
– Soldat 90

Dark, Sydney 117
Darling, Charles
– britischer Kolonialadministrator 64
Delane, John Thadeus
– englischer Herausgeber der Times 136
Denbigh 117, 125
Dilnot, Frank
– englischer Schriftsteller und Journalist 117
Dulac, Edmund
– französischer Maler und Grafiker 120

Eduard VII.
– König des Vereinigten Königreichs Großbritannien und Kaiser von Indien 53, 133, 169
Ellis, John
– englischer Henker 123
Elmore, Belle
– deutsch-polnische Ehefrau und Mordopfer Hawley Crippens 170

Fitzmaurice, Edmond
– britischer Politiker und Schriftsteller 64
Flammarion, Camille
– französischer Astronom und Schriftsteller 69
Freeman, Clara 7, 11, 12, 20, 31, 32, 38, 56, 70, 84
Freeman, Dick
– Edgar Wallace 9, 11, 13, 21, 26
Freeman, George 7, 9, 11, 19, 21, 31, 32, 56
Freeman, Harry 9, 26
Freeman, Tom 9
Freeman-Cohen, Caesar 96
Freeman-Cohen, Harry 96, 101, 103
French, John
– britischer Offizier 77

Gaines, »Tuppy«
– Lehrer 17
Garrett, Edmund

– englischer Journalist 60, 62
Gatacre, William
– britischer Offizier 75
Georg V.
– König des Vereinigten Königreichs von Großbritannien und Irland und Kaiser von Indien 141
Grantham, William
– britischer Rechtsanwalt und Parlamentsmitglied 110, 111
Gwynne, Howell Arthur
– walisischer Schriftsteller und Journalist 75, 76, 78, 80, 95, 116, 168

Haakon VII.
– dänischer Prinz 140
Haig, Douglas
– britischer Offizier 77
Hands, Charles E.
– britischer Reporter und Kriegsberichterstatter 117
Hardie, Keir
– schottischer Gewerkschaftler und Politiker 36
Hardy, Charles 80
Harmsworth, Alfred 1. Viscount Northcliffe
– englischer Journalist und Verleger 71, 81, 109, 110, 114, 115, 117, 124, 125, 136
Harmsworth, Harold 1. Viscount Rothmere
– englischer Zeitungsmagnat 115
Hay, Ian
– englischer Schriftsteller und Historiker 139
Hay, John le
– englischer Sänger und Schauspieler 105
Hedeman, Jules
– französischer Journalist 129
Heinrich VIII.
– König von England und Irland 17
Hellier, Benjamin
– eigentlich James Bisdee Hellier, südafrikanischer Zeitungsverleger 59
Henniker-Major, Charles
– Soldat 90
Hertzog, Barry
– burischer General und Premierminister der Südafrikanischen Union 85, 86, 88
Hewlett, Maurice
– englischer Schriftsteller 60
Hilliard, Maurice
– britischer Soldat 64
Hoffmann, Jan 71
Hordern, V. C.
– Garnisonspfarrer 55
Hulton, Edward
– englischer Zeitungsverleger 168
Hutchinson, Arthur Stuart-Menteth
– britischer Schriftsteller 167

Hyde, Charles
– britischer Archäologe und Zeitungsverleger 173

Irving, Henry
– englischer Theaterschauspieler 22

Jacobs, William Wymark
– englischer Schriftsteller 143
James, Lionel
– Journalist 80
Jaurès, Jean
– französischer Historiker und Politiker 141
Jones, Kennedy
– britischer Journalist und Abgeordneter 113, 115, 124, 136, 172

Karl I.
– König von England, Schottland und Irland 17
Kipling, Lockwood
– englischer Architekt, Bildhauer und Illustrator 61
Kipling, Rudyard
– englischer Journalist und Schriftsteller 60, 61, 62, 71, 74
Kitchener, Herbert
– britischer Feldmarschall und Politiker 81, 85, 90, 92, 93, 94, 95, 96, 97, 98, 99, 100, 104, 108, 173
Knight, Edward Frederick –
 englischer Rechtsanwalt, Soldat, Journalist und Autor 79
Knox, Edmund George
– englischer Schriftsteller und Herausgeber 169
Kruger, Paul
– Präsident von Transvaal 63, 68, 101

Landon, Percival
– englischer Schriftsteller, Reisender und Journalist 80
Landru, Henri Désiré
– französischer Serienmörder 158
Lankester, Ray
– englischer Zoologe 110
Lawless, Hon Edward
– britischer Soldat 90
Lennard, Horatius 172
Leslie, Frederick (»Fred«) Hobson
– englischer Schauspieler, Sänger, Komiker und Dramatiker 38
Levy-Lawson, Edward
– englischer Zeitungsverleger 22
Linchwe
– Häuptling 84
Lincoln, Abraham
– 16. Präsident der Vereinigten Staaten von Amerika 7
Lombroso, Cesare
– italienischer Arzt und Rechtsmediziner 147

Lowell, Guy
– US-amerikanischer Architekt 132
Löwenthal 53

Mahon, Patrick
– englischer Buchhalter und verurteilter Mörder 157
Mallaby-Deely, Harry
– britischer Politiker 169
Mantegazza, Paolo
– italienischer Arzt und Bewusstseinsforscher 112
Marker, Raymond John
– Soldat 90
Marlowe, Thomas 85, 107, 110
Maybrick, Florence
– verurteilte US-amerikanische Mörderin 8
Mere, Carl de la 80
Merriman, John
– letzter Premier der Kap-Kolonie 71
Methuen, Paul Sanford
– britischer Offizier 77, 79, 81
Milner, Alfred
– britischer Politiker, Hochkommissar für das Südliche Afrika und Gouverneur der Kap-Kolonie 72, 73, 94, 96, 102, 103, 104, 108, 109
Monk, Edward William Henry
– Soldat 90

Morel, Edmund Dene
– britischer Journalist, Schriftsteller und Politiker 143
Morral i Roca, Mateu
– spanischer Attentäter 135
Motley, John Lothrop
– US-amerikanischer Diplomat und Historiker 37, 69

Napoleon I
– französischer General, Diktator und Kaiser 114
Newnes, George
– englischer Verleger 137
Newnham-Davis, Nathaniel
– englischer Kochbuchautor und Journalist 172
Nicoll, William Robertson
– schottischer Pfarrer, Journalist und Schriftsteller 167, 168

Palmer, William
– englischer Arzt und Serienmörder 8
Peace, Charles Frederick
– englischer Einbrecher und Mörder 8
Pease, Lord Gainsboro 117
Pemberton, Max
– englischer Schriftsteller 124
Plumer, Herbert Charles Onslow
– britischer Militär und

Kolonialbeamter 83
Poropulos 157, 158
Powell
– Soldat 90
Prior, Melton
– englischer Kriegsmaler und Kriegsberichterstatter 81

Raisuli, Ahmed ben Mohammed el-
– marokkanischer Rebellenführer 126
Ralph, Julian
– US-amerikanischer Schriftsteller und Journalist 14, 80
Rawson, Harry Holdsworth
– britischer Admiral 59
Rayne, Leonard 105
Rhodes, Cecil John
– britischer Politiker 61, 71
Ridge, William Pett
– englischer Schriftsteller 143
Roberts, Arthur
– deutscher Schauspieler und Schriftsteller 53, 84, 92
Robertson, William Robert
– britischer Feldmarschall 5
Robinson, John 82
Rothschild 76
Rozhestvensky, Zinovy Petrovich
– russischer Admiral 127

Sala, George Augustus
– englischer Schriftsteller und Journalist 22
Scarsons, Bill 68
Scheepers, Gideon
– Heliograph und Burenführer 90, 91
Schreiner, Willie 71
Scott, Samuel 169
Seddon, Frederick Henry
– verurteilter englischer Mörder 149, 156
Service, Robert 74
Shakespeare, William
– englischer Dramatiker, Dichter und Schauspieler 14, 17
Sims, George Robert
– englischer Schriftsteller, Journalist und Sozialreformer 65, 66
Sladen, Douglas
– englischer Schriftsteller und Historiker 84
Smart, Rat 70
Smiles, Samuel
– schottischer Schriftsteller 38
Smith
Gemeindeingenieur 70
Smith, Edward John
– englischer Kapitän der RMS Titanic und RMS Olympic 118
Smith, W. H. 28
Soutar, Andrew
– britischer Schriftsteller und Journalist 169
Springfield, Lincoln 117

Stanley, Edward, 17. Earl of Derby
– britischer Politiker 93, 94
Steevens, George Warrington
– englischer Journalist und Schriftsteller 75, 80, 92
Sutton, George 115, 124, 126

Terry, Ellen
– englische Theaterschauspielerin 22, 105
Thomas, James Henry
– walisischer Gewerkschaftler 5
Thorne, Norman
– englischer Lehrer, Hühnerzüchter und verurteilter Mörder 157
Tolstoi, Lew Nikolajewitsch
– russischer Schriftsteller 118, 125
Trench, Richard Chenevix
– irischer Erzbischof und Dichter 66
Twain, Mark
– amerikanischer Schriftsteller 61
Tyron, George
– britischer Admiral 51

Vaughan, Kate
– englische Tänzerin und Schauspielerin 105
Victoria – britische Monarchin 24

Villiers, Frederic
– britischer Kriegsmaler und Kriegskorrespondent 81
Visconti-Venosta, Emilio
– italienischer Politiker 128

Wallace, Edgar
– britischer Schriftsteller 5, 6, 31, 53, 56, 65, 97, 109, 138, 172
Ward, Bus
– Soldat und Deklamator 51
Warr, Gilbert Sackville 8th Earl De la
– britischer Politiker und Soldat 78
Watney, Charles 168, 169
Wauchope, Andrew
– schottisch-britischer General 80
Webb, Sidney
– britischer Sozialwissenschaftler und Politiker 64
Wet, Andries Gerhardus de
– südafrikanischer Soldat und Freikorpsgründer in Deutsch-Südwestafrika 118
Wigham 84
Wilde, Oscar
– irischer Schriftsteller 124
Wilhelm der Eroberer
– Herzog der Normandie und König von England 17

Willoughby, Claude
– Soldat 90
Wilson, W. H. 117

Young, Filson
– irischer Journalist 117

MEHR VON MOLINO

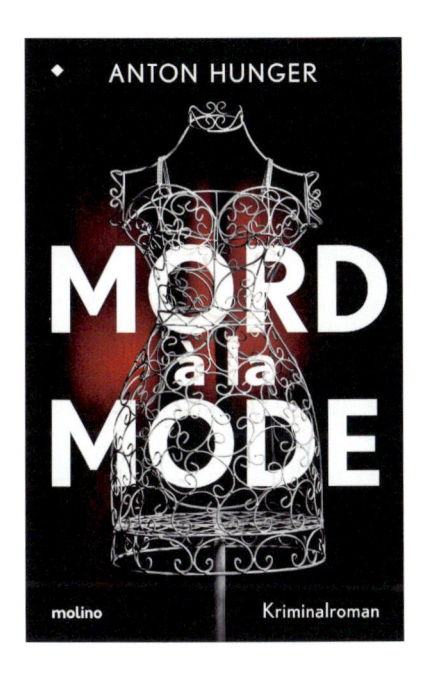

Anton Hunger
Mord à la Mode
ISBN 978-3-948696-37-5

»Mord à la Mode ist ein starkes Gangsterstück. No Panic auf der Titanic! Anton Hunger, ein Rocker ohne Lederjacke, hat das glitschig-kriminelle Finanz-Arsenal der Mafia seziert. Hallöchen, und wie! Mit scharfem Skalpell, den Hut tief im Gesicht, gut getarnt mit dem Sacco aus Monaco! Rocker eben, wie sie Verbrecher fürchten. Wer lesen kann, muss es lesen!«

Udo Lindenberg